「あなたにお願いしたい」
と言われる仕事のコツ88

佐々木 順子

ぱる出版

最近、仕事にも慣れてきたので、
もっとキャリアアップしたい。
メラメラ
でもなぜか、
つまずくことばかり。
たとえば——
「真剣に
話を聞いてもらえない」
この企画書
だけど…
「会議で発言すると、
場が凍りついてしまう」
・・・
ムリです

「重要な仕事にかぎって、任せてもらえない」
わたしなんてまだ…
じゃ、○○くんにおねがいしよう
ハイ！よろこんで
こんどのプレゼンだけど…
こんな悩みは、ちょっとした仕事のコツを知っていれば、ほとんど解決できます！
ザザッ
私は、佐々木順子と申します。
これまで日本IBMやマイクロソフトで働いてきました。役員の経験もあります。
真剣に話を聞いてもらうには、こちらも真剣な態度で伝えるのがコツ。
キリッ
この企画書のこのページ…

発言するときは、「クッション言葉」を使うのがコツ。
たしかにおっしゃるとおりですね。
ただ…
なるほど!
おまかせください!
こんどのプレゼンたのめる?
重要な仕事を任せてもらうには、自信があるようにふるまうのがコツ。
「こんなちょっとしたことで何か変わるの?」と思うかもしれません。
これが、思いっきり変わるんです。

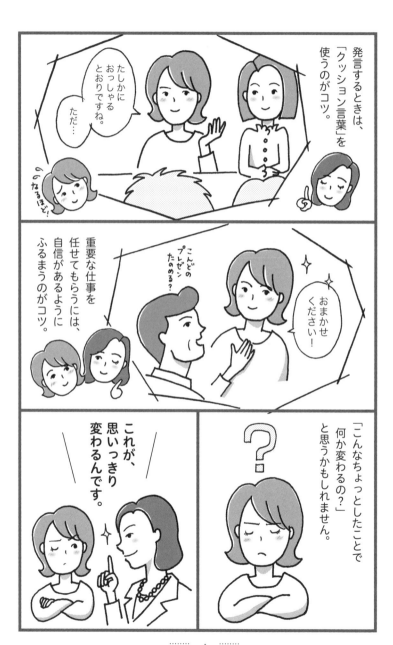

なぜなら、ビジネスで
最も大切なのは、
信頼感。
VS.
う〜ん
見た目も発言も、
プロフェッショナルな人こそが、
認められます。
Win
1
2
3
そんな人こそが、
「あなたに仕事をお願いしたい」
と言われる人です。
そのために必要なのは、
ちょっとした仕事のコツを
積み重ねていくだけ。
この本では、
そんな仕事のコツを、
88項目にわたってお伝えします。
コツ
さあ、さっそくページをめくって、
あなたの理想のキャリアへ
一歩ふみだしましょう！
Let's go!!

「あなたにお願いしたい」と言われる仕事のコツ88

目次

第3章 伝え方・聞き方のコツ

▼コミュニケーション

第4章 見せ方・書き方のコツ

第5章 女性の考え方のコツ……155

▼仕事への姿勢

▼キャリア

コラム

第1章

意識の持ち方のコツ

▼仕事の心構え（対自分）
▼仕事の心構え（対相手）

01

仕事の心構え
（対自分）

仕事の全体像を理解する

あなたは仕事をしながら、こんなふうに考えたことはありませんか？

「この仕事、いったい何のためにやっているのかな……」

こんなふうにモヤモヤしていると、生産性もあがりませんし、仕事のモチベーションもあがりませんよね。

このモヤモヤを解消するための秘訣は、**仕事の全体像を理解する**ことです。

そもそもこの仕事はどんな背景があって始まり、どんなゴールを目指しているのかということを、事前に理解しておくようにしましょう。

そうすると、仕事の目的や、進むべき方向を正確に理解でき、モヤモヤすることもありません。

また、それと同じくらい大切なこととして、**あなたがいま行っている仕事は、仕事全体の一部分であって、決してあなた一人で完結するものではない**ということも、意識しておきましょう。

自分の手を離れたあとにも、別の誰かがその仕事を受け取ると思えば、きっとあなたの仕事の仕方が変わってくるはずです。

そして、全体の中の一部、という見方で仕事をとらえられるようになると、逆の視点から、具体的にどんなことが求められているかがよくわかるようになります。

それによって、作業の重複やずれ、洩れを避けることができ、やり直しによる手戻りが少なくなります。

私も新人時代には、自分の仕事のことしか考えることができず、怒られたり、やり直しになったりという経験がたくさんあります。

最初からすべてを理解するのは難しいかもしれませんが、わからないことは上司や先輩に質問して、教えを請いましょう。

ふだんからアンテナを立てて、会社やチームの状況を把握したり、業界のことを勉強したりしておくことも大切です。

ちょっとした意識の変革ですが、こうした意識を持って仕事に取り組んでいると、あなたの仕事のクオリティがぐっとあがります。ぜひ習慣化してみてください。

02

仕事の心構え（対自分）

What, How ではなく Why を考える

仕事を頼まれると、What（＝何を）や How（＝どうやってやるか）だけを考えて、すぐに取りかかっていませんか？

仕事を進めるためには、もちろん What や How は大切なのですが、それだけでは、仕事の全体像をとらえることはできません。

What や How だけでなく、ぜひ Why（＝なぜ）を考えてみてください。

なぜ、いまこの仕事をやらなければならないのか。

なぜ、上司はこの仕事に私を指名したのか。

むしろ、この Why を考えることのほうが重要です。

そもそも仕事というものは、解決すべき問題や課題があるから生まれるもの。

目の前の仕事は、その問題を解決するための、一つのステップです。

その一つ一つのステップに、Why が存在しています。

たとえば、説明資料を作成するときも、いまなぜこのことを説明しなければならないのか、なぜ上司はこれを私に作らせているのか、という視点で考えてみましょう。

それによって、この仕事全体の期限がいつで、そのためにはいつまでに契約を結ぶ必要があり、それには最低限いつまでにはお客様にこの内容を理解していただく必要がある、などのように、**仕事が流れで見えてくる**はずです。

そして、上司はあなたにその資料を作らせることで、あなたにそのプロジェクトに対する理解を深め、仕事の全体像を理解してほしいと願っているはずです。

そう考えると、ただ作業として割り振られたという以上に、仕事に対するモチベーションがあがり、よりポジティブに、効果的に仕事を進めていくことができるようになるでしょう。

ときには先回りして傾向と対策を立て、一部の仕事を前倒しすることもできるようになります。

Whyを考えるクセをつけるだけで、ぐんぐん仕事する力が伸びていきます。

わずかな意識の差が、実力の差につながります。ぜひ、少しだけ心がけてみてください。

03

仕事の心構え（対自分）

部門のミッションや数字を意識する

あなたは、所属している部門のミッションや目標としている数字を、具体的に把握していますか？

自分の目標値はもちろん意識していると思いますが、部門全体の目標値、さらに会社全体の目標値を把握している人は、意外と少ないのではないでしょうか。

組織全体から見ればまだまだ下っ端の自分が、そんなことまで把握する必要はないんじゃないか、と思うかもしれません。

また、数字が苦手で敬遠している人も多いように思います。

しかし、ビジネスの世界ではお金、数字は共通の指標です。これがないことには話が始まりません。

ムダや寄り道を避けて仕事を効率的に進めるためには、**一つ一つの仕事を正確に理解し、仕事の全体像を把握することが必要です。部門全体のミッションや目標値を把握すること**

は、**そのために欠かせない作業**です。

以前、私が日本マイクロソフトでエンジニア部門を統括していたときのこと。当時のマイクロソフトでは、クラウドシステムを大々的に売り出そうという会社全体のミッションがありました。

しかし、エンジニアは技術職ということもあり、自分の作業に没頭してしまいがちで、会社の目標などに興味のない人も多かったのです。

そんな中、現在のクラウドの売上状況や、全体の目標値に対する達成度を把握できていたメンバーは、それを具体的に作業に落とし込み、こういうお客様を取り込めばこのぐらい全体の売上目標に貢献できるから、このサポートの問題解決を優先度を上げてやるべき、といったことまで考えることができていました。

ただ目の前の作業をこなすだけではなく、部門や会社全体の目標が見えていると、たとえ同じ作業であっても、一段も二段も高いレベルで仕事ができるようになります。

数字や資料の見方が難しければ、上司や先輩に教えてもらいましょう。あるいは、「この目標を達成するために自分ができることは何でしょうか」と具体的に尋ねてみるのも、いい方法だと思います。

04

仕事の心構え
（対自分）

時間当たりの生産性を意識する

生産性、意識していますか？

生産性には、「一人当たりの生産性」と、「時間当たりの生産性」がありますが、向上させるべきなのは**「時間当たりの生産性」**です。

仕事の流れをひととおり覚え、それなりに軌道に乗ってくると、ついつい時間を忘れて仕事に没頭しがちです。

私もまさにそうでした。

入社二、三年目のある日のこと。翌日お客様のところに持参する資料が、なかなか納得のいくような形にまとまらず、夜遅くまで作業を続けていた私に、上司がこんなことを言いました。

「仕事を早く終わらせる工夫をしないと、なかなか成長できないよ。時間をたっぷりかけて仕事をするやり方を続けていたら、新しいことに取り組む余地が生まれないよ」

ただ一生懸命に仕事をするだけではダメ。**いかに時間をかけず効率よくできるかが問題で、それをしなければ成長できない**という考え方に、当時の私は大きなショックを受けました。

以来、時間当たりの生産性を意識して仕事をするようになりましたが、生産性を上げるためには、定期的な休息も重要です。

二五分集中したら五分休む「ポモドーロテクニック」などを取り入れて、適度に休憩をはさみながら作業効率アップを目指しましょう。パソコンや携帯のアラーム機能を使うのもいいですね。

これまでの日本では、長時間労働が美徳とされがちでしたが、これからはそんな風潮も変わっていくはずです。休みも取らずに働くことや残業の多さは、むしろ非効率的で仕事のできない人という悪印象を周囲に与えるでしょう。

生産性を下げる要因は、待ち時間、ムダな作業、そしてやり直しの三つ。これらを避けるために、仕事相手とのコミュニケーションは十分に行いましょう。

事前のすり合わせや中間報告は、生産性を上げるためにも必要なことです。

05

仕事の心構え（対自分）

いつも「どうしたらできるか」を考える

仕事には困難がつきものです。

何か問題があるからこそ仕事が生まれるのですから、そう簡単に解決できるものばかりではありません。

では、困難に突き当たったとき、あなたはどんなふうに考えるでしょうか。

やってみる前から、できない理由を並べて、ムリだと決めつけてしまっていませんか？

慎重な人、優秀な人、完璧主義な人ほど、そうした傾向があるように思います。

でも、ここでちょっと立ち止まって考えてみてほしいのです。

果たしてそれは、本当にムリなことでしょうか。

たとえば、よくあるのは予算不足で難しいというケース。

こんなときは、お金をかけずにできる別の方法をとことん考え、できるかぎりの知恵をしぼってみてほしいのです。

採用活動の予算がなければ、社内の他部門から人員を募ったり、人脈をたどって声をかけたり、最近であればSNSを使うというのも効果的な方法でしょう。

新商品の宣伝予算がなければ、プレスリリースを配り、マスコミから取材を受けることによって宣伝効果を上げるという方法もあります。

できない理由を考えることに時間を使うよりも、どうしたらできるかを考えることに時間を使うほうが、よほど生産的です。

たとえ、そこで決めた手段が失敗に終わったとしても大丈夫。その方法がうまくいかないことがわかっただけ前進です。

また、どうしてもほかの手段が考えつかなければ、堂々と上司にヘルプを出しましょう。失敗も含め、すべては上司に任命責任があるのですから。

解決すべき課題をクリアするためにはどうしたらいいのか。

そこに困難が生じるのであれば、その困難を回避するための手段はないだろうか。

あるいはまったく別の手段は？

最初からあきらめてしまわずに、そんなふうに前向きに考えるマインドを大切にしてほしいと思います。

06
仕事の心構え
（対自分）

人事評価では、理由を聞く

少なくとも年一回程度は、上司からあなたの評価を聞く面談の機会があると思います。この面談ではぜひ、**評価の理由まで、上司に確認してください。**

自分にとって不本意な評価だった場合は、具体的にどんな状況で、どんな観点でその評価となったのか、詳しく聞きましょう。

それによって、自分が改善すべき点の理解を深めることができます。また、上司の考え方や視点、評価されるポイントについても知ることができます。

反対に、いい評価となった場合も、具体的にどんな状況で、どんな観点で評価されたのかを質問するようにしてください。

それによって、さらに自分が伸ばしていくべき点や、留意して取り組むべき点を理解することができます。

日本では、評価するほうもされるほうも、評価の理由を掘り下げることに慣れていないように思います。特に、いい評価であればなおさらです。

しかし中国に赴任してグローバルな部下を持ったとき、彼らの評価に対する態度があまりにも日本人と違っていたので、当初は正直、面食らってしまいました。

悪い評価であれば当然、徹底的に理由を聞かれますが、最上級にいい評価のときも、

「どういう点を評価されたのでしょうか」

「来年も同じ評価をいただくためには何をすればいいでしょうか」

などと、しつこいほど聞かれます。

日本でそこまでの経験がなかった私は、彼らの真剣さに圧倒されました。

しかし、その真剣な面談は、その中で考え方の相違を発見したり、部門の方向性について合意をしたり、本人の希望を確認したりと、大変貴重な時間になっていました。

それ以来、私自身も人事評価では、よくても悪くても、上司にとことんフィードバックをお願いしています。**自分では考えてもいなかったことを指摘されることもあり、とても勉強になります。**

詳細な評価内容を説明することに慣れていない上司もいるかもしれませんが、どうか臆せずに尋ねてみてください。きっとお互いにとって実りある会話になると思います。

07

仕事の心構え
（対自分）

希望は口に出す

日本人は自分のキャリアについて、希望を具体的に伝えることが少ないように思います。がんばっていればきっとわかってくれるはず、と思っているのかもしれませんが、そういうケースはごく稀です。

定期的にキャリア面談のある会社なら、そのチャンスを使って希望を伝え、そのためには何をするべきなのか、アドバイスをお願いするといいと思います。

そうした機会がなければ、上司に個別に時間をとってもらい、希望を伝えましょう。

そのときに大切なのは、ネガティブな言い方をしないこと。「いまの仕事に飽きた」とか、「この仕事は自分に合わない」といった言い方は、後ろ向きな印象を与えます。

たとえ本当はすっかり飽きていたとしても、それをそのまま伝えてしまっては、あなたの希望が叶うチャンスは限りなく低くなると思ってください。

少しでもチャンスに近づくためには、

「自分はこの部署（この仕事）でこれを学び、これができるようになった。将来はこんなことをしたいので、次はそれに近づくために、この仕事がしたい」

などとポジティブに伝えましょう。

そうすれば、たとえいますぐに異動できなかったとしても、そのためにはどうすればいいか、適切なアドバイスやサポートを受けられるかもしれません。

こうした**アクションがないと、なかなか上司もあなたの希望に気づきません。**

私もかつて、面談時に部下の思いがけない希望を聞いて驚いたことがありました。

技術にこだわりを持つエンジニアだったので、てっきりスペシャリストの道を目指していると思っていたら、実際はマネジメント希望だったり。

プロジェクトマネージャーとして手腕をふるっていたので、マネージャー志向なのかと思ったら、実際は営業志望だったり――。

「じつは社長になりたい」という希望を持っていた部下もいて、聞いてみなければわからないものだな、としみじみ思いました。

すべては、あなたの希望を口に出して表明するところから始まります。**恥ずかしがらずに、希望は口に出しましょう。**

08

仕事の心構え
（対自分）

望まない仕事を受けたらチャンスと考える

いくら口に出して伝えていても、希望とは異なる仕事に指名されることもあります。

そんなときは、へこたれずに、**まずは目の前の仕事に全力を尽くしてみましょう。**

自分の希望をぶれずに持ち続けながら、与えられた仕事をがんばっていると、思わぬ経験と成長のチャンスを得ることができます。

私はかつて、二、三年に一度のペースで異動していた時期がありました。

最初に配属されたのは金融機関向けシステム開発のプロジェクト。

そこで金融についてある程度理解し、人間関係も確立したところで、システム開発のレビュー、企画を行う本部に転属になりました。

当時は現場を離れたくないと思いましたが、ここで働くことで、システム開発のプロセスや品質の管理について、一段高い視点を持つことができるようになりました。

次に、まったく畑違いのインフラ構築・保守部門に異動になったときは、もちろん経験もなく、部門内で飛び交う言葉すらわからず相当苦労しました。

しかし、システムを支えるインフラに関する知識を学び、自分自身のスキルの幅を広げることができました。

また、突然の中国勤務を命じられたときも、嫌々ながらの赴任でしたが、多国籍チームで働く貴重な経験ができ、その後の人生が変わる契機ともなりました。

どの異動も、いまとなってはありがたい経験だったと断言できます。

たとえば本部から地方への異動も、そこではおそらくこれまでよりもワンランク上の立場で仕事をすることができ、きっと大きな糧となるはずです。

また、異動を経て、社内のさまざまな部署に知り合いが増えると、困ったときに助けてくれる人脈を自然と構築することができます。

たとえ不本意な異動であっても、行ってみれば必ず何か得るものがあるはずです。

抜擢されたということは、あなたがその仕事をできると認められているということでもありますから、まずは感謝の言葉で受け入れましょう。

そして、何か面白いことを見つけてやろうという気持ちで、前向きに取り組んでみてください。

09

仕事の心構え（対自分）

ムリと言う前に「任命責任」を考えてみる

「あなたにこのプロジェクトのリーダーをお願いしたい」

いまあなたがそう言われたら、なんと答えるでしょうか。

経験もないし、実力もないし、私よりあの人のほうがずっとふさわしい――。

そんなふうに、ムリな理由、やりたくない理由が次々と思い浮かぶかもしれません。

ただ、それを口に出す前に、一度考えてみてほしいことがあります。

それは、**なぜ、上司はこの仕事にあなたを指名したのか**、ということです。

上司は、メンバーすべてのこれまでの仕事ぶりを見たうえで、仕事の割り振りを決定しています。

できると思ったからこそ、あなたにその仕事を任せるのです。できないだろうと思う人にわざわざ大事な仕事を振って、みずから失敗を招きたいと思うはずはありません。

よく検討し、周囲の了解・承認も得たうえで、あなたに伝えているのです。

ですから、**どうか自信を持って、前向きな気持ちで引き受けてみてください。**

不安なことがあれば、その部分についてはサポートをお願いすればいいのです。

もしうまくいかなくても、それは上司の任命責任ですから、一人で背負いこまなくても大丈夫。

任命する側に、より大きな責任があるのですから、きっと上司のほうでもさまざまなバックアップのプランを考えているはずです。

米ＩＢＭの前ＣＥＯジニー・ロメッティは、「ビジネス界で最もパワフルな女性」の一人にも選ばれている女性ですが、彼女ほど実力のあるエグゼクティブであっても、ＣＥＯへの昇進については、考える時間がほしいと一度留保したといいます（しかし夫から言われた、「男で断る人がいると思う？」という一言で、心が決まったそうです）。

ビジネスの世界で、女性が真に自分の実力に自信を持つということは、まだ難しい局面が多いのかもしれません。

しかし、これまで私が見てきた中では、性別による実力の差はほとんどありません。

ぜひ気持ちよく仕事を受け、のびのびと実力を発揮してください。

あなたはきっとできるはずです！

10

仕事の心構え
（対自分）

自分をプロデュースする

あなたは社会人としてどんな人間になりたいと思っていますか？

たとえば、信頼を集めるマネージャーになりたい、数字に強い経理のプロになりたい、交渉に強い営業スタッフになりたいなど、人それぞれの理想のイメージがあると思います。

私はいつも、自分をプロデュースするつもりで考えてみて、と伝えています。

まず自分を客観視して、自分のなりたい社会人のイメージを確立したら、**映画監督になったつもりで、自分をプロデュースしていく**のです。

あなたは主演女優である自分に何を着せ、何を持たせ、どんな話し方をして、どんな発言をさせるでしょうか。

もちろんプライベートであれば、本人の好みにあわせて、どんな自分を表現しようと自由です。かわいらしさをアピールしても、奇抜なファッションに身を包んでも、何の問題もありません。

しかしビジネスにおいては、自由にというわけにはいきません。

その仕事にふさわしいプロフェッショナルとして、相手から信用と信頼を得なければなりませんから、見た目も、話し方も、歩き方も、しぐさも、発言も、すべてをそのようにプロデュースする必要があります。

映画や舞台、テレビドラマなどを見ていても、登場人物はみな、その役柄を表現するためにプロデュースされています。そして、俳優は、それに応じた装いやふるまいをし、その人物を演じているのです。

テレビドラマの例を挙げれば、篠原涼子が演じた『ハケンの品格』のスーパー派遣社員・大前春子、北川景子が演じた『家売るオンナ』のスーパー不動産屋・三軒家万智など、それぞれ個性は違いますが、見るからにその道のプロらしい装いをし、発言をし、ふるまいをしていました。

そんなふうに、あなたも仕事場での自分を、なりたいイメージに合わせて演じればいいのです。あくまでも仕事の場だけでいいので、プロフェッショナルを感じさせる自分をプロデュースしていきましょう。

11 仕事の心構え（対自分）

マーケティング思考で行く

マーケティング的な思考は、製品の開発やプロモーションなどにおいて、避けて通ることのできないものです。

日産自動車の執行役副社長の星野朝子さんは、もともとマーケティングの専門家。

彼女はよくこう言っています。

「たとえプレゼンテーションが失敗したとしても、それはあなたが悪いわけじゃない。マーケティングプランが間違っていただけ。プランを変えてみればいい」

私はこれを聞いてとても救われました。**うまくいかないことがあったら、気持ちを切り替えてプラン変更すればいい**、ということですから。

この考え方は、仕事の進め方においてだけでなく、自分という人間を考えるときにも、当てはめることができます。

もし、あなたが努力したにもかかわらず、職場で適切な評価を受けられなかったとしたら、それはあなたが悪かったのではありません。ただ単に、あなたという人間のマーケティングプランが間違っていただけ。

たとえば洋服のプロモーションであれば、三〇代の働く女性向けの服と、一〇代の女子高校生向けの服とでは、値付けも、売り込み先も、宣伝方法も、まったく異なる手法をとるはずです。

同じように、あなたという人間を評価してもらうために、正しいマーケティングができていたかどうかを考えればいいのです。

正しいターゲットに向かって、正しいメッセージングをしていたか。

ターゲットは正しかったけれど、メッセージの内容がわかりにくかったかもしれないし、あるいは、メッセージは適切だったけれど、届け方が悪かったかもしれない――。

もし、何をしてもダメなら、市場を変える＝職場を変えることだって、おおいにアリです。

こんなふうに、**あなたという人間についても、マーケティング的な思考で考えてみてください**。ムダに自分を責めて自己評価を落とすのはもったいない。次のプランを検討しましょう。

12

仕事の心構え（対相手）

自信のあるようにふるまう

上司への報告時や会議で発言するとき、こんな前置きをする人がいます。

「ちょっと違っているかもしれないんですけど……」

「うまくできてないんですけど……」

「まだあまりまとまっていないんですけど……」

こういう言葉は、自信のなさゆえについ出てしまうのかもしれませんが、聞いているほうとしては、あまりいい気分のしないものです。

最初に自信のない発言をされると、そのあとの内容も、そういう前提で聞くことになります。自信のない発言、間違った報告を聞くほど、相手も暇ではありません。

たとえ自信がなかったとしても、自信のあるようにふるまうことは、相手に聞いてもらうために必要なテクニックです。

弱音はぐっとこらえて、言い方を少し工夫して伝えてみましょう。

かつて私は、こういう前置きがどういう効果をもたらすのか、実際に試してみたことがあります。同じ内容の報告を、自信のなさそうな前置きをした場合と、そうでない場合との二種類で伝えてみたのです。

するると、自信のない前置きをした場合、

「まとまってないなら、まとめてから持ってきてよ」

と突き返されてしまったのに対し、

「いま六割程度の出来なんですが、方向性を確認していただきたいので……」

「完了は今週末を予定していますが、中間報告させてください」

などという前置きをした場合は、

「あ、そう。ぜひ見せてよ。どれどれ」

などという反応が返ってきて、有益なレビューコメントやアドバイスまでもらえました。

これはやはり前置きがもたらした効果と言えるでしょう。

過度に緊張せず、「自分の意見を聞いてください」くらいの気持ちで、自信を持って発言しましょう。

大きな声で、ゆっくりと、適度な間を取って話すのも忘れずに。

13

仕事の心構え（対相手）

期待を少しだけ上回る

仕事をするときは、相手の期待を少しだけ上回るつもりで取り組んでみましょう。少しだけ、というのがポイントです。

もちろん、依頼されたことをきっちりとこなすのが大前提ですから、それもできないのに、ムリに期待を上回ろうとする必要はありません。

依頼事項をこなしたうえで、さらに余裕があれば、できる範囲のちょっとしたプラスを心がけてみましょう。

これは社内の仕事であっても、社外の仕事であっても同じです。

社内では、たとえば一週間後が提出期限の資料を四日で提出するようにしてみる。

そうすると、「あの人は仕事が早い」と言われ、それを続けていくと、「仕事の早い人」という評価が定着するでしょう。

社外では、依頼が新製品向けの市場調査であれば、市場調査の結果に加えて、競合製品との比較資料を一枚追加してみる。

そうすると、「あの担当者は依頼以上の仕事をしてくれた」と喜ばれ、それを続けていくと、「いつもいい仕事をしてくれる担当者」という印象が固まるでしょう。

こういうプラスオンをしてくる人には、相手も軽く驚かされます。そして、強く印象に残るので、次に仕事を依頼するときに、まっさきに顔が浮かぶものです。

いいイメージとあなたが固く結びつくので、ちょっとぐらいの失敗があっても、すぐに取り戻すことができるというメリットもあります。

ただし、あまり大きく期待を上回ろうとすると、負担がかかって自分の首を絞めてしまい、結局続けられなくなります。

たくさん打席に立つことが大事なので、続けられなければ意味がありません。

ですから、**あくまでも少しだけ、ちょっとしたプラスがいい**のです。

あなたが仕事相手として選ばれるためのテクニックとして、わずかな負担で大きな効果があるので、ぜひ試してみてください。

14

仕事の心構え（対相手）

状況報告はこまめに頻繁に

ビジネスにおいて、報告が重要であることは、みなさんもよく理解していることと思います。

状況報告は、頻繁であればあるほどいいと言っても過言ではありません。

ほんの一言、あるいは五分、一〇分でかまいません。時間がなければメールでもいいですし、デスクに資料を置いておくだけでもいいので、手間をいとわず、途中経過の報告をしてください。

このひと手間で、仕事のムダ、あるいはやり直しが大幅に削減できます。

じつは、以前の私は仕事を抱え込んでしまうタイプで、こまめな報告ができていませんでした。

あるとき、大きな事業の立て直し計画を作ることになり、張り切って取りかかったものの、まったく方向性がまとまらずに悩んでばかり。

そんなときも、私は上司に相談も報告もしていなかったのです。

しかしある日のこと、心配した上司が私の部屋に乗り込んできて、その場で無理やり報告を求めました。

しぶしぶ経過を報告したところ、なんと、そもそも私が考えていたプランは、大前提となる立て直しの期限も幅も、まったく取り違えていたことが判明。

以後、毎日強制的にミーティングをセットされてしまいました。

最初は嫌々応じていましたが、毎日繰り返しているうちに、徐々にミーティングにかかる時間も短くなり、気づいたときには、期日よりもずっと早く、プランが完成していました。

もしあのとき報告をしていなかったら、長い時間をかけて一生懸命、間違ったプランを作り上げ、提出したとたんに差し戻されていたことでしょう。

このとき私は、報告の重要性をしみじみと痛感しました。

逆の立場で、どうしてもっと早く報告してくれなかったのかと思うこともたくさんあります。

ですからぜひ、状況報告はこまめに、頻繁にと心がけましょう。

15

仕事の心構え（対相手）

手伝ってもらった相手にも報告を忘れない

報告をする相手は、上司だけとは限りません。

社内の関連部署に自分の仕事への協力をお願いしたようなとき、**手伝ってもらった相手にも忘れずに結果を報告する**ようにしましょう。

これができると、困ったときに助けてくれる仲間が増えて、その後の仕事がスムーズになります。

私が以前、ＩＴ企業のサポート部門で働いていたときのこと。

営業担当者に頼み込まれて、トラブル対応のために、お客様のところへ同行したことがありました。

その後、彼からは何の報告もなかったため、気になって聞いてみると、

「ああ、あれ、大丈夫でしたよ」

と軽く言われてがっかり――。

こういうことがあると、次に彼に何か頼まれたとしても、手伝おうという気持ちになりませんん。むしろ、私の時間を返してほしいと思うところです。

本来であれば、尋ねられる前に、

「おかげさまで先日トラブルを解決できたので、その後の契約更新もしていただけました。ありがとうございました」

などと、一言でいいので、報告を入れるのがベストです。

失敗に終わった場合も、

「結局うまくまとまらなかったのですが、おかげでシステムのことをよく理解できたので、とても役に立ちました。ありがとうございました」

とお礼を伝えられれば、手伝ったほうとしても苦労が報われたと思い、もしまたこの人が困っていたら、進んで協力しようという気持ちにもなるもの。

直接報告できなくても、上司への報告メールのCCに名前を入れ、一言お礼を付け加えておくなど、いろいろな工夫の仕方があると思います。

お世話になった義理を忘れず、配慮を怠らないようにすること。

そうした小さな積み重ねが、周囲からの信頼感アップにつながっていきます。

16

仕事の心構え（対相手）

フィードバックがあなたを成長させる

四〇代になったばかりのころ、アメリカで行われた、ある研修に派遣されました。

私がプレゼンテーションの魅力に目覚めることになった、思い出深い研修です。

私が参加したプレゼンテーションの講義は、日系三世の女性が講師で、一日半に及ぶ、それはすばらしい内容でした。

そのときの私は「プレゼンテーション」という言葉の概念すら、正確に理解していなかったのですが、先生のみごとな講義に深い感銘を受けた私は、「どうすればプレゼンテーションが上手になりますか?」と質問を投げかけました。

彼女から返ってきた答えは、

「**フィードバック、フィードバック、フィードバック！**」

これほどのすばらしい話し手でありながら、いまだに、ことあるごとにフィードバックをもらうようにしているとのこと。

以来、私もプレゼンテーションやお客様へのご説明をするたび、できるかぎり本当のことを言ってくれる人にフィードバックをもらうようにしました。

いただいたフィードバックコメントには、自分では気づかない多くの指摘があり、その後の改善におおいに役立ちます。

自分の思いがちゃんと伝わっていたことがわかって、自信につながるコメントをいただくこともあります。

こうしたフィードバックの力に気づいてからは、さらに、あらゆる局面でフィードバックをもらうようになりました。

部門の会議、お客様への訪問、チームメンバーとの会議……。

ときには耳の痛いコメントもありますが、くれぐれも反論はしないこと。反論してしまうと、そのあと正しいフィードバックをもらえなくなります。

そして、指摘されたことを個人攻撃と取ったり、指摘してくれた人のことを恨んだりしないこと。

パーソナルに受け止めず、あくまでもあなたの発言や行動についてのコメントとしてとらえましょう。

17

仕事の心構え（対相手）

フィードバックは具体的にもらう

フィードバックをいただけるのは、大変ありがたいことです。

しかし、コメントのもらい方には、少しコツがあります。

フィードバックをお願いするときは、具体的なコメントをもらえるように、具体的に尋ねるようにしましょう。

抽象的なコメントは、あまり役に立ちません。

「さっきのプレゼン、どうでした？」

などと、漠然と尋ねてしまうと、

「まぁ、よかったんじゃない？」

「うーん、イマイチだったかな」

などと、漠然とした答えが返ってくるでしょう。

フィードバックに慣れている人なら、コメントすべきことを整理して話してくれるかもしれませんが、必ずしもそういう人ばかりではありません。コメントをもらう相手は上司の場合が多いかもしれませんが、部下からもらうこともあるかもしれませんし、社外の人からもらうこともあるでしょう。

たとえば、今回のプレゼンでは、自分としてはこういうところに力を入れたとか、こういう点を特に伝えたかった、などというポイントがあれば、そこを中心に尋ねてみましょう。

「この資料はお客様にとってわかりやすかったでしょうか」

「この点について、十分にご理解いただけたでしょうか」

という聞き方でもいいですし、

「私は聞き取りやすいスピードで話せていたでしょうか」

「お客様の共感を得られる話し方ができていたでしょうか」

など、さらにピンポイントな質問にしぼってもいいでしょう。

具体的な質問ができると、返ってくるコメントも具体的になるはずです。

フィードバックをしていただける機会を大切にして、アクションにつながるコメントをもらい、成長につなげましょう。

18

仕事の心構え（対相手）

接触回数の多さが仕事のしやすさに直結する

「ザイオンス効果」と呼ばれる心理学用語があります。

これは「単純接触効果」とも呼ばれ、接触する回数が多ければ多いほど、相手に好印象を抱く現象のこと。

ビジネスにおいても、営業活動やマーケティングなどに幅広く活用されています。

何度も足を運んでくれる営業担当者に好感を持ったり、テレビやインターネットで繰り返し目にする商品を買いたくなったり、という経験をしたことのある人も多いのではないでしょうか。

恋愛関係におけるテクニックとしても使われ、同様の効果があると言われていますが、職場の人間関係においても、このザイオンス効果を上手に使っていくことで、より円滑に仕事を進められるようになります。

姿を見かけたらあいさつをする、近くまで来たついでに席に立ち寄って声をかけるなど、ちょっとしたことでＯＫ。直接顔を合わせなくても、メールや手紙で連絡するだけでも、同じ効果があります。

長い時間話したり、複雑な内容を話したりする必要はありません。いいことを言わなきゃ、と身構える必要もありません。

コミュニケーションの質よりも、まずは量が大切なのです。

「14．状況報告はこまめに頻繁に」で、報告をこまめに行うことの大切さをお伝えしましたが、報告のために相手とよく会っていると、それだけで気に入ってもらいやすいという裏効果もあります。

私に強制的に報告を課した例の上司も、最初は批判的なコメントが多かったものの、毎日のように報告に行って顔を合わせているうちに、しだいに好意的に評価してくれるようになりました。

接触回数と好感度は比例していきます。

好感度があがり、信頼感を得やすい状態になれば、自然と仕事がスムーズに進むようになります。

「この人は」という人に対しては、接触頻度を意識するようにしてみてください。

19
仕事の心構え（対相手）

交渉は相手の理解から

「交渉ごとは苦手で……」

と苦手意識を持っている女性は多いように思います。

強く言えずに負けてしまう、交渉したらしつこいと思われて嫌われそう、そんなふうに考えているのかもしれません。

しかし、ビジネスにおける交渉は、決して勝ち負けではありません。相手とこちらの折り合うところを見つけて合意することです。

その合意を導き出すための、一種のゲームと考えてもいいでしょう。

折り合うところを見つけるためには、まずは相手の理解から始める必要があります。

相手の提案の内容だけを見るのではなく、相手の立場、性格、目標など、できるだけ多くの情報を事前に入手しておきます。

たとえば、この人は失敗を恐れている人なのか、もしくは、上司をうまく説得する口ジックがほしいのか、あるいは、決算の都合で焦っているのかなど、知りうる限りの情報をもとに戦略を立て、さらに当日の相手の態度やボディランゲージを読みながら、切るカードを選んでいきます。

相手が上司を説得できなくて困っているのであれば、説明用の資料を一緒に作ることで、前進する可能性があります。

また、相手が決算に合わせて売上を立てなければならないのであれば、支払いを前倒しするかわりに値段を下げてもらう交渉もできるかもしれません。

もし情報がうまく収集できなければ、率直に尋ねてみてもいいのです。

「どういう点でストップがかかっているんでしょうか」

「何でお困りですか。どうしたら通るでしょうか」

交渉相手を敵と思わず、むしろ友達のような気持ちで、一緒に作戦を立てて戦う仲間だと思ってみてください。

そして一緒に戦い、一緒に勝とうという気持ちで交渉に臨んでいくと、たいてい道は開けます。

どんな交渉ごとも、まずは相手を理解することから始めてみましょう。

20

仕事の心構え（対相手）

交渉は落としどころをチームで共有しておく

交渉ごとは、チームで行うことも多いと思います。

交渉をうまく進めるためには、大前提として、落としどころの最低ラインと最高ラインをチームで共有しておかなければなりません。

その準備として、まず、相手に承認してほしいこちらの要望をリスト化しておきましょう。そして、それぞれの項目に優先順位をつけておきます。

次に、**最低でもここまでは承認してもらわなくてはならない最低ラインと、最高にうまくいったとしたらここまで承認してもらおうという最高ラインを決め、チームメンバー全員で確実に共有します。**

その最低ラインと最高ラインに基づき、戦略を立てます。

たとえば、要望リストに挙げた一〇項目のうち、今日は最低ラインとして五番目まで承諾してもらおう、ダメなら三番目までは承認してもらおう、ただし五番目までの承認が難しそうなら、七番目と八番目は譲歩してでも五番目を死守しようなどと、さまざまなケースに分けて考えていきます。

ここでのポイントは、事前にきちんと決めておくことと、チーム全体で共有するということ。

そうでないと、交渉が進む中で、メンバーの誰かが、合意すべきでないところで妥協してしまったり、思いつきで優先順位の低い切り札を出して戦略が台無しになってしまったりする可能性が出てきます。

こうした事前の打ち合わせは、社内で済ませてから相手先に向かうのがベストですが、それが難しいような場合は、相手先の近くの喫茶店などに少し早めに集まり、情報を共有しておきます。

私はよく、相手先との約束の一時間ほど前に、先方の会社から徒歩一〇分程度離れた、空いている喫茶店を探して、メンバーと打ち合わせをしていました。あまりにも先方から近い店だと、関係者がふらりと入ってくる可能性がありますので……。

交渉は、事前準備がとても大切です。チーム一丸となって交渉にあたれるよう、しっかりと準備をして、交渉に臨みましょう。

21

仕事の心構え（対相手）

相手の承認プロセスを理解する

私が先輩から教わった仕事のコツの一つとして、「相手の承認プロセスと期限を理解する」というのがあります。

たとえば、小さな会社なら一度の会議で決まることも、大きな会社であれば数度の会議を経る必要があるはず。

また、一二月決算の会社なのか、三月決算の会社なのかによって、お客様の焦り方も違い、こちらの仕事の進め方も異なってきます。

ですから、**相手の会社の会議の頻度や日程、決裁者、決算時期など、細かいことまで具体的に情報を得ておくようにしましょう。そうすれば、こちらがいつまでに何をすればいいのか、タイミングを逃すことなく判断することができます。**

あなたの目の前の相手だけで、すべてが決まることはほとんどありません。

多くの場合、複数の承認プロセスを経た後に決定されるので、そのプロセスをよく理解し、こちらから適切な球を投げられるように準備しておきましょう。

こうした情報は、先輩が知っている場合もありますし、わからなければ直接お尋ねしてみましょう。

「このあとどういうプロセスがありますか」

「それに必要な資料はどんなものでしょうか」

「それはいつまでに必要なのでしょうか」

立ち入った質問と思われるかもしれませんが、私の経験では、お役に立ちたいので、という気持ちで率直にお尋ねすると、意外と教えてくださいました。

なお、こうした大事な情報を相手から聞き出すには、打ち合わせ終了後の雑談タイムや、エレベーターまで送っていただくときなど、緊張が解けて本音が出やすいタイミングを狙うのが効果的。

「あ、そういえば今日のご提案ですが、どの程度の予算を考えておられますか?」

「ちなみに、この案件はどなたの最終決裁で決まるんですか?」

大事なことは最後にさりげなく。

刑事コロンボも古畑任三郎も杉下右京も、同じテクニックを使っています。

コラム 1

趣味の時間でリフレッシュしよう

どんなに仕事が忙しくても、趣味の時間を持ち続けることは大切です。私の場合は、芝居を観に行くことがいちばんの趣味。

大学時代に演劇サークルで役者をやっていたこともあり、いまでは年間七〇本以上の芝居を観て、その感想をＳＮＳにアップしています。

二〇一〇年からは「私的年間ベスト５」の発表も続けており、友人からおすすめの芝居を聞かれたり、劇評を頼まれたり、観劇ツアーの企画を頼まれたりするようになりました。

観劇の魅力は何といってもライブ感。舞台と一体になって、ドキドキハラハラしたり、興奮したり、涙したり。私にとって何よりのリフレッシュタイムです。

芝居のテーマやメッセージに学びを得ることも多く、感想をアップするために、集中してその時間を過ごすので、観たあとは充実感と爽快感でいっぱい。

趣味は仕事にもいい影響を与えます。「いつかヒマができたら……」などと言わず、あらかじめ時間を確保して、ぜひ趣味の時間を満喫してください。

第2章

ふるまい方のコツ

▼社内人間関係
▼会議

22

社内人間関係

上司には上司がいることを意識する

あなたの上司には、そのまた上司がいます。

あなたが上司から仕事を頼まれたとき、その上司の、そのまた上司の視点を意識してみてください。

それができると、その仕事に求められていること、自分がすべきことが理解しやすくなるでしょう。

「1．仕事の全体像を理解する」でもお伝えしたように、一つの仕事の先には必ず、その続きを担当する人がいます。あなたが行った仕事は、あなたの手を離れたあと、きっと上司によって、そのまた上司に提出されるでしょう。

だとすれば、あなたの上司が報告したり説明したりしやすいような仕事をすることが求められているはずです。

そのためには、ふだんからの人間観察も必要になってきます。

上司の上司が、どんな仕事のこだわりを持っているのか、仕事のうえで大切にしているポイントなどの情報を集めておいて、そこを押さえた仕事をするようにします。

データにうるさい人であれば、資料にはデータを充実させる、競合情報を重視する人であれば、競合他社やマーケットの情報収集に力を入れるなど、それぞれのこだわりポイントが押さえられていれば、その後の話がスムーズですし、ムダがありません。

ピントのずれた方法で仕事をしてしまうと、追加の資料を求められたり、やり直しになってしまったりする可能性もあります。

こんなふうに、自分の手元に来た仕事だけを近視眼的に見てこなしていくのではなく、その一歩先、二歩先の視点から仕事を見るという意識があると、飛躍的に仕事のクオリティがあがっていきます。

これは、仕事に対する思考レッスンの一種です。

意識のクセづけなので、一度クセになってしまえば、自然とできるようになるのですが、こうした考え方を教えてくれる上司や先輩はあまりいません。

ですから、あなたにはぜひこうした思考方法を身につけてほしいと思いますし、あなたの後輩にも伝えていってほしいと思います。

23
社内人間関係

相手のふるまいはすべて自分のふるまいの結果

「うちの上司は頑固で、自分の経験に固執するばっかりなんです」

「私の上司は、人の話に聞く耳を持たなくて、困ってます」

よく、こんな愚痴を耳にすることがあります。

愚痴を言うことも精神衛生上は必要なことなのですが、その前に、一歩引いて考えてみてください。

あなたは、上司を説得するための材料を十分に提示できていたでしょうか。

説得のために十分な時間を費やしていたでしょうか。

以前私は、先輩から、

「自分に指を向けて考えなさい」

とよく言われました。

相手を指さすと、一本の指は相手に向かっているけれど、残り三本はすべて自分のほうを向いています。

つまり、**相手のふるまいというのは、すべて自分のふるまいの結果**なのです。

上司だけではありません。

お客様やチームメンバーの中においても、何となくいやだな、苦手だなと思う人が、誰しも一人はいるものです。

しかし、これも同じこと。**あなたの態度を変えることでしか、相手に変容をもたらすことはできない**のです。

どうして自分だけが変わらなければならないのかと思うかもしれません。

しかし、あくまでも仕事相手ですから、何もプライベートでまで仲良くしなければならないということではありません。

仕事上のことと割り切って、相手の懐に飛び込んでみましょう。

じつは周囲から恐がられている上司ほど、ふだん孤独なので、懐に飛び込んでくる相手には目をかけてくれるものです。

相手を変えることはできません。まずは自分を変えるところからはじめ、いままでとは違うアプローチを試してみましょう。

24

社内人間関係

ねたまれたらこっちのもの

最近なんだか輪に入れてもらってない気がする。

そういえばみんなが知っている情報を、私だけ回してもらっていなかった――。

こんなことがあったら、もしかしたらあなたはねたまれているのかもしれません。

ここのところ昇進・昇格したり、重要な仕事を任されたりしませんでしたか。

女性どうしの場合、ねたみは悪口や無視など、感情的な形で表現されることが多いように思いますが、これが男性の場合、もっと戦略的に表現してきます。

大事な会議にわざと呼ばなかったり、情報を回さなかったり、相手を陥れるようなことを企んできます。

じつは私も、男性からの嫌がらせを経験したことがあります。

事実無根の内容を上司に告げ口され、仲間うちにもデマを流されて、本当に傷つきました。

しかしこのとき、

「あなたもそこまでになったってこと。気にせず自信を持って」

と言ってくれる先輩がいて、その言葉に救われました。

ねたまれているということは、あなたがそれだけ相手にとって大きな存在になったということ。競争相手と認識されたということです。

ライバルと思っていないような相手には、そんな嫌がらせはしないでしょう。

私も最初はこんな仕打ちに到底納得することができませんでしたが、認められた証拠、成長の証だと思って、気持ちを切り替えることができました。

そして、次に同じようなことを経験した際には、

「ああ、きっと相手も焦ってるんだな」

と思いやる余裕までできました。

こういうとき、落ち込んだり、へこんだりするのは相手の思うツボ。あえて明るくふるまい、

「私、何か気にさわることとしてしまいました？」

などと、率直に聞いてみるというのも、おすすめの方法です。

25

社内人間関係

あなたが苦手なことが得意な人と組む

人間誰しも、得意なことと苦手なことがあります。

私の場合は細かい数字が苦手で、びっしり数字が埋まった表などはできれば見たくないと思ってしまうタイプです。

また、論理を積み重ねていくよりは、直感的に結論を出してしまうところがあります。

ところが、この二つのことが苦手だと、ビジネスでは通用しません。

そのため、私は、数字に強い人や論理的な人をチームに引き入れて、一緒に仕事をするようにしていました。

迷ったときやつまずいたときは、彼らに話を聞いてもらうだけで、自分の足りなかったことに気づけたり、考えが整理されたりして、とても助かっていました。

苦手なことを克服する努力もある程度は必要ですが、それよりも自分の得意なことを活かしていくほうが、よほど生産的で効率的です。

まずは自分をよく理解することが必要ですから、自己分析のツールなどを使って、客観的に自分の特性や、長所・短所などを理解するようにしましょう。

自分の特性を理解できたら、**欠けている部分、苦手な部分を補ってくれるような人を見つけて、味方にしてしまいましょう。**

「私はこういうところが苦手で、あなたのこういうところがとてもすばらしいと思うので、力になってもらえませんか」

私はいつもこんなふうに、率直に声をかけてお願いしているのですが、ほとんどの場合、引き受けてもらえます。

実際に同じチームで働くことができなくても、話を聞いてもらうことぐらいはできるのではないでしょうか。

ときにはこちらも相手を助けて、ギブ・アンド・テイクの関係を築くことができれば理想的です。そうすると、お互いに助け合うことができるので、きっと長く続く関係性を作ることができるでしょう。

そんな味方を探すためには、ふだんから社内をよく見渡して、あの人はこんなことが得意なんだな、この人はこんなところがすばらしいと、目を配っておきましょう。

26

社内人間関係

タバコ部屋で大事なことが決まるなんてナンセンス

「タバコ部屋で大事なことが決まる」

そんな話を聞いたことがありませんか？

最近のオフィスでは自分の席でタバコが吸えないので、喫煙者は喫煙場所に集まることになります。

そのタバコ部屋で、会社の施策や人事など、大事なことがいつのまにか決まっているという話が、いまも少なからずあるようです。

役職者に喫煙者が多いような場合、彼らとの人間関係を構築するためにタバコ部屋に通う人もいます。私もかつて、

「この人事、昨日タバコ部屋で決まったよ」

「いや、この間タバコ部屋で盛り上がってさ」

「おまえもタバコ部屋に来いよ」

などと言われたことが一度ならずありますが、とんでもないことです。

タバコ部屋でものごとが決まるなんて、ナンセンスの極み。そんな非公式な寄り合いで意思決定される組織は、ろくなものではありません。

いまや世界のビジネスリーダーの中で喫煙者は少数派。喫煙者は自己管理ができないとみなされています。

また、タバコ休憩と称して頻繁にデスクを離れること自体、非喫煙者に対して不公平です。休憩はすべての人に平等に与えられるべきでしょう。

加えて、タバコ部屋で服や髪に染みついたタバコ臭には受動喫煙の危険もあります。

こうしたタバコにまつわるさまざまなリスクに配慮もせず、誰が聞いているかもよくわからない密室で、仕事や、まして人事の話をしたりするようなリーダーは、いずれ淘汰されるに違いありません。

会社の重要な情報であれば、プレスリリースや報告書など、入手可能な文書で十分理解できますし、タバコの力を借りなくても人間関係は作れます。

あなたの健康を犠牲にしてまで、こんな人たちを相手にする必要はありません。

放っておきましょう。

27

会議

会議室ではテーブルでなく壁際に着く

大きな会場で会議が行われる場合、私は少し早めに部屋に入り、誰がどこに着席するかを見るようにしています。

かなりの確率で、女性はテーブルではなく、壁際に並べられている椅子席に座ろうとします。多くの会社で観察しましたが、ほとんど例外はありません。

壁際席に座る男性もいますが、この場合、発言者ではなく補助的な立場で同席しているので、という場合が多いようです。

しかし、ちょっと考えてみてください。

重要なことを話し合う会議で、後ろのほうに座っているような消極的な人に、大事な仕事を任せようと思うでしょうか。

それよりも、**前のほうの席に座り、積極的に会議に参加しているような人のほうに、仕事を任せたいと思うはず**です。

私の経験では、上昇志向のある男性社員は、こぞって前のほうの席に座りたがります。社長や部長の席の隣や正面など、奪い合うようにして席を確保しています。彼らは、ちゃんと重役の視界に入る席に座ることで、自分の存在感をアピールしているのでしょう。

席の位置はとても大切です。

前のほうの席なら、自然と話題に集中できますし、積極的な気持ちで会議に参加することができます。

何も最初から社長の正面席に座らなくてもかまいませんが、**会議では、せめてテーブルに、できれば前のほうの席に着きましょう。**

急に前の席に座ると、最初は「え？」と周囲から驚かれるかもしれませんが、気にせず続けていくと、そのうちに席をあけておいてくれるようになります。

「ここ、いいですか？」

と明るく声をかけて、座ってしまいましょう。

なお、テーブルに着いたら、姿勢も気をつけて。手はテーブルの上に出し、適度に身を乗り出して聞く。まずは形から入ることも大切です。

28

会議

必ず質問するつもりで会議に出席する

会議に参加したら、必ず一度は発言するようにしましょう。

もし発言しないのであれば、その会議に出席する必要はないと私は思います。

その場で議論を聞いているだけなら、あとで議事録を読めばいいのですから、参加するだけ時間のムダです。

実際に私は、会議で発言しないメンバーに対しては、次の会議には出なくていいと伝えていました。

もちろん、話の内容や流れ、タイミングの問題などで、発言しようとしたけれども発言できなかった、ということはあると思います。

あるいは、書記として参加していて、自分は発言する立場ではないと思っていた、ということもあるかもしれません。

それでもやはり、会議に臨む姿勢としては、**出席する以上、必ず一度は質問または発言**

する、ということを心がけてほしいと思います。

質問をしようと思えば、関係資料を読んだり、自分なりの仮説を立てておいたり、わからない部分をメモしておいたりして、事前に勉強し準備しておく必要があります。

会議が始まってからも、自分の勉強した内容や立てた仮説が正しかったかどうか検証したり、全体の議論がどんなふうに進んでいるかを気にしたりと、自然と前向きな気持ちで会議に参加できるはずです。

事前に準備をしておけば、漠然とその場に座っているだけではなく、問題意識を持って会議の時間を過ごすことができるようになります。

そこでインパクトのある質問ができればすばらしいですし、周囲に強い印象を与えることができるでしょう。

ただし、最初から上手に発言をしようと思わなくてもかまいません。

まずは、会議で必ず一度は質問するということを自分に課し、そのために会議の時間を集中して過ごすということを意識してみてください。

逆に、集中していても、発言するようなことが見つからない会議は、あなたが参加する必要がない会議ということになります。

29
会議

会議中に発言のシミュレーションをする

会議では、コンパクトに、インパクトある発言をすることが求められます。

しかし、最初から、コンパクトでインパクトある発言をするのは簡単なことではありません。

急に指名されてあたふたしたり、発言してもしどろもどろになってしまったり。

あるいは、発言しようとして考えをまとめているうちに、違う話題になってしまったという経験はないでしょうか。

私もかつては、会議でもっと発言するようにと、よく言われていました。

特に海外での会議では英語の問題もあり、なかなかうまく発言できずに悔しい思いを何度もしてきました。

しかしある日、梅田望夫さんの記事「シリコンバレーからの手紙（30）会議の間をみつける」（「フォーサイト」二〇〇二年七月号）を読んで、まさに目からウロコが落ちました。

会議での発言に関して、とてもいい練習方法を発見したのです。

その記事では、どんどん進行する会議の中、限られた時間内で自分の考えをまとめ、効果的な発言をするための、梅田さんの練習方法が書かれていました。

それは、「**もしいま自分に発言の機会が与えられたら、と考えながら、一分で考えをまとめて発言するシミュレーションをしながら会議に臨む**」という方法でした。

この記事に感銘を受けた私は、さっそく実践してみました。**会議の内容を聞きながら、「いまここで当てられたらどう発言すべきか」と考え、メモしていく**のです。

これには大変な集中力が必要で、こんなふうに集中して会議を過ごしていると、三〇分や一時間の会議がとても長く感じます。また、一分というのは、主張を伝えるには十分に長い時間だということも、よくわかりました。

この練習を繰り返すうちに、いつしか発言することが怖くなくなりました。

そして、心の中でまとめた自分の考えと、実際の発言内容とを比較することも、視点や論旨の違いから学ぶことができ、とても勉強になります。

最初のうちはまず一つから、慣れてきたら1トピックごとに一つの質問、というように、徐々に数を増やしながら、ぜひ練習してみてください。

30

会議

賛成・反対する場合は、理由も述べる

会議での発言の第一歩としては、他人の意見に賛同する、または反対することは、ハードルが低いのでおすすめです。

しかし、

「あ、私も、その意見に賛成です」

「僕も、それはうまく行かないと思います」

などと、賛成・反対の表明だけで終わってしまうのは避けましょう。

それは誰かの発言に乗っかっただけの安易な発言です。

こういう「ただ乗り」発言を多発する人の話は、耳を傾けられることはありません。

そういうときは、ぜひ、

「賛成です。なぜなら……」

「反対です。なぜなら……」

と、**賛成なら賛成の理由、反対なら反対の理由を、続けて簡潔に述べるようにしてみましょう。自分の立場や強みを踏まえた内容を理由としてコメントすると、納得感のある発言につながります。**

つまり、「相手との差」を意識することがポイントです。

開発部門の部長の発言に対しては、営業の立場からのコメントをする。

営業企画部門のスタッフの発言に対しては、現場で毎日お客様と接している立場からのコメントをする。

アメリカ本社のスタッフの発言に対しては、日本のマーケットの立場からのコメントをする。

まだ若いのですから、自分が知っている情報には当然限りがありますが、それが必ずしも相手も知っている情報とは限りません。

相手が知らないことを発言できると、大きなインパクトが生まれます。

そんなことに注意をしながら、相手の発言をよく聞き、付加価値を与えることのできる発言を心がけてみてください。

31 会議

批判でなく提案をする

会議での発言にだんだん慣れてきたら、少し気をつけてほしいことがあります。

たとえ反対意見を述べるときでも、否定や批判のみのコメントをしないこと。

「それはムリです」

「うまくいかないんじゃないですか」

などと、否定で終わるコメントは、場の雰囲気を悪くするだけで、誰にとっても、なんの付加価値もありません。

もちろん、ビジネスにはリスクがつきものですから、リスクや困難点を挙げること自体はとても大切なことです。それすら考えつかないということでは、ちゃんと仕事をしているとは言えません。

しかし、リスクの指摘だけして、言いっぱなしで終わってしまっては、その後の仕事が前に進みません。

指摘や批判に新たな提案を付け加えることができてはじめて、議論を建設的な方向に進めていくことができます。

どこに問題点があって、どんなリスクが考えられるか、そしてどうすれば解決できる見込みがあるのか、あなたなりの考えを伝えましょう。

なおかつ、反対意見を述べるときは、**まずは相手の意見を肯定的に受け止めてから、自分の意見を話し始める**ことを忘れないようにしてください。

これはイエスバット（Yes, but）話法とも言われる、会話の基本テクニックです。

頭ごなしの否定は反感を買い、受け止めてもらえません。

そのあとにいくらいい提案をしたとしても、聞いてもらえないのです。

「おっしゃることは確かにその通りですね。ただ、この観点で考えると、こんなことも考えられると思います。ですので、こんな方法にしてみると、もっとスムーズではないかと思うのですが……」

などと、提案を含めた形で意見を伝えられるようにしましょう。

会議での発言だけでなく、交渉の場でも、営業トークでも、ふだんのコミュニケーションでも使えるテクニックですので、ぜひ覚えておいてください。

32

会議

チャットを会議に活用する

最近では連絡ツールとしてビジネスチャットを使うことも多いと思います。

ちょっとした連絡やコミュニケーションツールとして、チャットは大変便利です。

ここでは、そんなチャットの有効な使い方の一つとして、会議中にチャットを活用する方法をご紹介します。

私が以前マイクロソフトで働いていたとき、会議は各自パソコン持参でしたが、私は会議中にチャットを使ったことがなく、チャットソフトも立ち上げていませんでした。

すると会議の休憩中、当時のアメリカ人の上司から、

「順子はどうしてチャットを立ち上げていないの？　チャットを立ち上げておいて」

と指示されたのです。

指示どおりチャットを立ち上げておいたところ、あるタイミングで、その上司から、こんなチャットが飛んできました。

「順子、例の件、いま発言しなさい！」

そういえばこの件は、以前に私と上司との間で話題にしていた内容。上司はここぞとばかりに私に発言を促したのでした。

上司は司会をしていたので、チャットを飛ばしたあと私を指名し、スムーズに発言させてくれました。英語にハンデがある私を配慮して、タイミングをはかってくれたのです。

そのほかにも、自分の発言に対して「よく言ってくれた！」と応援メッセージをもらったこともありますし、「いまの件はこういうふうにも考えられるんじゃないかな」といった意見をもらったこともあります。

あるいは、昨年度の売上数字や、地方別のデータなど、その場で参照できるような資料を送ってもらえることもあり、会議の進行中にもチャット上でさまざまなやりとりをして、議論を深めることができます。

こんなふうに、**チャットは会議を有効に進め、活性化させるための一つの手段として活用することができます。**

単なる連絡ツールとして使うだけではもったいない。環境が許されるのであれば、積極的に使ってほしいと思います。

33

会議

会議をコントロールする

会議やミーティングの司会を任されたら、あなたはまず何をするでしょうか。

司会者にはさまざまな役割がありますが、会議をコントロールすることがもっとも大切なつとめです。

ここでは会議の準備において、大前提となることをお伝えしたいと思います。

最初に行うべきことは、**参加者を決める**こと。

誰を参加させ、誰を参加させないか。ここから会議のコントロールが始まります。

次に、**席順を決める**こと。

仲の悪い人どうしを近くに座らせないとか、よく発言する人を少しずらして座らせるとか、そういった配慮で会議の雰囲気がだいぶ変わります。

座席表まで作る必要はありません。少し早めに会場に入り、「こちらへどうぞ」「ぜひこちらの席へ」などと、自然と声をかけて誘導しましょう。

次に、**その日の会議の目的とアジェンダ（議題）と、おおよその時間配分を決めます。**

ここでポイントとなるのが、**アジェンダは具体的に設定する**こと。

たとえば、「売上アップのための対策を考える」ではなく、「売上を今期五パーセントアップさせるための対策を考える」などというふうに、いつ・何を・どうすることを決めるのかを明確にし、会議の目的を具体性のある言葉で表現しておくことが大切です。

そうしないと、いつのまにか論点がずれていったり、決めたいことが決まらずに終わってしまったりということが起きてしまいます。

会議が始まったら、全員に発言させるように促す、時間配分どおりに誘導するなども、司会者の仕事です。それぞれに小さなテクニックがあるのですが、それらは多数あるハウツー本に譲りたいと思います。

最初からうまくはできないかもしれませんが、回数を重ねれば、徐々にうまくできるようになります。

慣れが必要ですから、チームミーティングの司会でも、誰かのサブとしてでもいいので、チャンスがあれば、ぜひ自分から手を挙げてチャレンジしてみてください。

34
会議

会議後の確認はその場で具体的に、議事録は即座に

ここでは、会議終了時にぜひやってほしいことを、二つお伝えします。

まず一点目として、**決定事項について、その場で具体的に確認する**ことです。

その決定事項に基づいたアクションを、誰が・いつまでに行い、その結果をどう確認するかということまで、具体化してください。

ここでのポイントは、会議が終了したらその場で、具体的に、ということです。

その場にいるメンバー全員で合意しておかないと、後になって、それは担当が違うとか、やっぱり難しいとか、その日までにはムリだとか、文句を言う人が必ず出てきます。

また、決定事項が曖昧だと、それぞれのメンバーによって解釈の幅が出てしまい、こんなつもりではなかったのに、ということが起こります。

ですから、決定事項はその場にいる全員の合意のもとで、具体的に確認しておくというのが、会議の鉄則です。

たとえあなたが会議の司会者ではなかったとしても、この点が曖昧であれば、声を上げて、ぜひ確認をお願いするようにしてください。

二点目として、**議事録は即座に作成し、配布する**ということ。

遅くとも、当日中の配布を心がけてほしいものです。

ときどき、会議後一週間もたってから議事録が出てくる会社がありますが、そんなに時間がたってしまうと、出席者の記憶も薄れてしまいます。

議事録は、時間をかけて作るようなものではありません。

特殊な会議を除いては、発言をすべて記録する必要はありませんので、日時と参加者、決定事項だけを箇条書きで記載すれば、それで終わりです。

要点を押さえておけば、会議が終わって一五分もあれば簡単にできあがってしまうはずです。社内資料ですので、多少の誤字脱字があってもかまわないでしょう。

ＩＴ系の会社などでは、会議中にスクリーンに投影しながら議事録が作られていき、会議終了と同時に議事録も完成していることも多くなりました。

そうすれば、一点目の決定事項の確認もさらにスムーズに行うことができますね。

会議終了後はこの二つのことを確実に、すみやかに行うようにしてください。

コラム 2

働く女性が元気と勇気をもらえる映画①

アマチュア演劇評論家の私ですが、芝居はライブが命。再演されることもなかなかないので、かわりに映画のおすすめを。本来はアクションものやサスペンスが好きなのですが、ここでは働く女性が元気と勇気をもらえる映画を選びました。

『プラダを着た悪魔』

本文中にも登場していますが、見どころいっぱいの映画。

アン・ハサウェイ演じるアンディが、少しずつファッション雑誌の編集者としてふさわしく変わっていくところも見ものですが、なんといっても「悪魔」と呼ばれる編集長のプロフェッショナルぶりにしびれます。

細部へのこだわり、ぶれない美意識、妥協を許さない態度。ラスト近くの心配りも憎い。すばらしいボスだと思います。

『ビリーブ　未来への大逆転』

アメリカで女性初の最高裁判事になったルース・ギンズバーグの若き日を描いた映画。ハーバード法科大学院を首席で卒業しても、女性だからという理由で就職ができない。そんな時代に、勝率0パーセントと言われた男女平等のための裁判をどう戦っていくのか。圧倒的な不利を逆転するために、ルースはどんな作戦を実行するのか。ルースのしなやかさ、強さにとにかく元気をもらえます。旦那様がすばらしくて、よきパートナーを選ぶことの重要性もよくわかります。

『ドリーム』

邦題がいまひとつですが、大事なのは中身。人種差別が横行していた一九六〇年代初頭のアメリカで、初の有人宇宙飛行計画を陰で支えたNASAの優秀な黒人女性エンジニアの知られざる功績を描いています。

「知られざる功績」だから、原題は「Hidden Figures」。黒人かつ女性ということで、理不尽な扱いを受けながらも、文句を言う前にまず実力を示して行動し、信頼を勝ち取っていく、そのやり方が感動的。音楽やファッションもファンキーですてきです。

第3章

伝え方・聞き方のコツ

▼コミュニケーション

35

コミュニケーション

コミュニケーションにはすべて目的がある

すべてのコミュニケーションには、必ず目的があります。

効果的なコミュニケーションをするためには、話し始める前に、目的を整理してみることが大切です。

そもそもコミュニケーションの目的は、相手とメッセージのやりとりをすること。

しかし、メッセージというものは、必ずしも「あなたが言いたいこと」とイコールではありません。

照屋華子・岡田恵子『ロジカル・シンキング』（東洋経済新報社、二〇〇一年）によれば、メッセージとは、「課題（テーマ）」「課題に対する答え」「相手に期待する反応」の三点セットのこと。

まず、**「課題（テーマ）」を明確にする**こと。いま何が問題となっていて、何について話そうとしているのか、テーマをはっきりさせましょう。

次に、**「相手に期待する反応」を確認する**こと。自分は相手にどうしてほしいのか、どんな反応・行動をとってほしいと思っているのかを、クリアにしておきましょう。

そのうえで、**「課題に対する答え」を考える**こと。これからの会話において相手に答えるべき「課題（テーマ）」と、会話の結果相手にどのような「反応」を期待するのかが明確になってはじめて、答えの中身を考える段階になります。

課題に対する答えは、方法だったり、根拠だったり、結論だったりします。自分の考えを整理してください。

この三点について、きちんと整理されたメッセージを相手に伝えられていることが、コミュニケーションの基本です。

もしそれがうまくできていないと、あなたのメッセージは相手に伝わらず、目的が達成できません。

話しながら論点がずれていって、気づけばまったく違う話をしていたり、話の帰結点がわからなくなったりしてしまった経験が、あなたにもあるのではないでしょうか。

特にビジネスにおいては、短時間で明確なコミュニケーションをすることが求められます。会話を始める前に、しっかりとコミュニケーションの目的を整理することを心がけましょう。

36

コミュニケーション

コミュニケーションは資質ではなくスキル

コミュニケーションは技術・スキルです。決して資質の問題ではありません。努力しだいで上達することができますので、生まれながらのコミュニケーション下手、ということは絶対にありません。

メッセージを伝えたい相手に、いかに効果的かつ確実に伝えるか。それがコミュニケーションのスキルです。

なお、実際には、「伝える」と「伝わる」は別ものです。

伝えたかどうかではなく、伝わったかどうかだけが問題となります。

伝わるかどうかは、伝えるためにどれだけ努力をしたかにかかっていますから、伝わらなければあなたの努力不足ということになります。

では、「伝わる」コミュニケーションのためには、どんな努力をすればいいのでしょうか。

私の観察では、人は人を説得する方法で説得されやすい傾向があるようです。

徹底的にロジカルに説得してくる人には、ロジカルに対応する。情熱的に訴える人には

こちらも感情をこめて説得する。

こんなふうに、相手のキャラクターを見極めて、コミュニケーションの手段や方法を検討する練習が必要です。

ただし、練習を重ねてスキルがあがっても、決して独りよがりにならず、**伝わったかどうかをその都度相手に確認しましょう。**

あまりにも話すことに一生懸命になってしまうと、相手の反応に気がつかないこともあります。

途中で、「ここまで大丈夫ですか」とか、「いままでのところでわからないところはありませんか」などと、適切なタイミングで確認をはさんだり、話しながら相手のボディランゲージを読み取ったりすることも大切です。

きめ細かく相手の反応を見ながら伝えるのも、コミュニケーションの技術の一つ。

コミュニケーションはとても奥深いものです。よりよいコミュニケーションのために、練習を重ねていきましょう。

37

コミュニケーション

不満をぶつけてくる相手には「聞き切る」

ここまで「伝える」技術についてお伝えしてきましたが、ここでは「聞く」技術についてお話ししたいと思います。

もし相手が何かこちらに不満を持っていて、それをぶつけてくるようなときは、**まずは相手の思っていることをすべて吐き出してもらう**必要があります。

これが、「聞き切る」という技術です。

その人の中のコップが不満でいっぱいになっているので、一度それを空っぽにしないことには、次に何も入ってきません。

聞き切って、空っぽにする前に何か言ったとしても、相手はまったく聞く耳を持たないのです。

ですから、相手の話を途中でさえぎったり、コメントしようとしたりする態度は厳禁です。

私が以前、コールセンターのクレーム担当をしていたときも、この「聞き切る」技術をよく使っていました。

お客様からクレームを受けたとき、まずは、

「それはお困りでしたね。申し訳ありません」

とお詫びをしてから、相手の話を徹底的に聞き続けます。

その間は、ひたすら相槌を打ち、共感とともに相手の言葉を繰り返すなどの対応をしながら、じっと聞く態度に徹します。

どんなお客様も、そんなふうに二〇分も話すとすっきりして、怒りの感情のほとんどが収まってしまうので、こちらも落ち着いて、その後の対応についてご相談することができます。

聞き切ることは、次の会話へ移行するためのステップです。

そこをないがしろにしてしまうと、こちらの言い分を伝えようとしても、まったく伝わりません。

他者の話を聞くときは、解決しようと思わず、最後まで聞くこと。

会話が始まるのは、そのあとです。

38

コミュニケーション

聞く姿勢にも配慮し「快く聞く」

信頼されるビジネスパーソンとなるためには、「聞く姿勢」も大事です。

相手に自分の話を聞いてもらうためには、まず、自分が相手の話をよく聞かなければなりません。

聞く姿勢のポイントとしては、まず、**相手に対してまっすぐ正面を向き、目を見てアイコンタクトをとる**こと。

ただし、日本人の場合、じっと見つめられ続けると居心地が悪く感じる人もいるので、相槌を打つタイミングで、さりげなくアイコンタクトするぐらいがちょうどいいのかもしれません。

次に、**体の力は抜き、やや前傾姿勢をとります。**これは、「あなたの話に興味があります」というサインでもあります。

最後に、**適度なうなずきや相槌をはさみつつ、相手の言葉を繰り返して共感を示します。**

叱られているとき以外は口角を若干上げておくのも大切です。

反対に、話を聞きながらよそ見したり、顔や髪をさわったり、落ち着かない態度だと、「この人は私よりも大事なことがあるんだな」と思われてしまいます。

腕を組んだり、足を組んだりするのもNGです。

腕組みも足組みもプロテクトのサイン。自分のテリトリーを守り、こちら側に入ってくるなというサインを発しているのと同じです。

そんなつもりはないのに、クセでつい腕や足を組んでしまう人は気をつけましょう。

こうした聞き方は、「傾聴」という、カウンセリングやコーチングで使われている技術です。

傾聴で大事なのは、**つねにニュートラルな気持ちで相手の話を受け止める**こと。

聞きながら何か判断したり、評価したりする必要はありません。

純粋に相手に興味を持ち、「へぇ、そうなんですね」と思いながら、すーっと体に染みこませるような気持ちで、快く聞くのがコツです。

これができるようになると、相手は気持ちよく話すことができ、きっと信頼感を得られるはずです。

39

コミュニケーション

質問は本質をとらえて答える

「質問に答える」というのは、簡単なことのように思いますが、案外難しいものです。

「聞かれたことの本質をとらえて、簡潔に答える」というのが原則ですが、本質からはずれた答えをしてしまっている人を、よく見かけます。

上司から、

「いまあのプロジェクト、どうなってる？」

と尋ねられたとき、

「忙しいです」

などと答えてしまうと、上司が知りたいことに対して何も答えていないことになります。

上司が知りたいのは、プロジェクトが予定どおりうまくいっているのか、いっていないのかということです。

また、どちらにしても、その根拠を具体的に知りたいはずですし、さらに言えば、自分の手助けが必要なのかどうかについても気にしているでしょう。

たった一言の質問ですが、答えるべき本質をとらえていれば、

「じつはいま、予定より少し遅れています。先方のメンバーに欠員が出て、補充を待っている状況ですが、月末には補充されるはずですので、そのあと巻き返せる見込みです。巻き返しがうまくいかなかった場合は、ご相談させていただくかもしれません」

などといった返事ができるでしょう。

また、ダメな答え方をもう一例ご紹介しましょう。

「あのお客様との商談、どうだった?」

といった質問に対して、

「いやぁ、訪問するときに道が混んでいて到着が遅れてしまいまして、それで先方が……」

などと、時系列で延々と説明してしまう答え方です。

これも、相手が知りたいことに答えていません。**簡潔に要点をしぼって、求められている内容を答えるように意識しましょう。**

聞かれたときに反射的に答えてしまうのではなく、相手がどんな答えを求めているのかを、一度考えてから答えるようにしましょう。

40

コミュニケーション

相手と情報レベルや言葉をそろえる

コミュニケーションにおいては、相手と情報を共有する必要があります。

そのために、相手と「そろえて」おくべきことを二つ、お伝えしたいと思います。

一点目として、「**相手との情報レベルをそろえる**」こと。

上司に報告をする際にも、本題に入る前に、その話題の前提となる背景や状況などについて、ひとこと説明を加えます。

「この件は、こういう状況が背景にありますのでこうなっていましたが、じつは……」などと説明しておくと、上司がたとえ知っている情報であっても、スムーズに記憶を呼び戻すことができ、すんなりと本題を理解することができます。

自分がいま考えていることを、上司も考えているとは限りません。自分にはタイムリーな話題でも、上司にとっては遠い記憶の中の話かもしれません。

時間短縮のためにも、情報のレベルをそろえるひと手間をかけるようにしましょう。

二点目としては、**「相手と言葉をそろえる」**ということ。

たとえば、業界用語で「CX」という略語を使うことがあります。少し前までは、「Customer Experience」(顧客が体験する価値)の略として使われていたのですが、最近では、「Corporate Transformation」(企業変革)の略として使われることがあり、お互い違う意味で理解していたということが実際にありました。

ほかにも、「CMS」には「Cash Management System」(企業グループ全体の資金状況を管理するシステム)と、「Contents Management System」(ウェブサイトの制作・管理・更新システム)という二つの意味があるので注意が必要です。

相手の理解を確認しながら進めることはもちろん、あまりにも特殊な用語を使わない、やたらと英語交じりの言葉を使わないということにも気をつけましょう。

自分たちの業界用語よりも、お客様の業界用語を使うようにしてください。

たとえば銀行などの金融業界は特殊な用語の多い世界です。「現金」や「現物」という言葉の意味が、お客様によって異なっている場合もあります。

この二点は、相手への想像力の一環です。**時間のムダや取引上の事故を防ぐためにも、相手の立場に立って言葉を使う**ようにしましょう。

41

コミュニケーション

自分が使う言葉に自覚的になる

言葉には「言霊」があると言われます。

「言霊」とは、言葉の持つ力。言葉として口に出すと、その言葉どおりの現実が引き寄せられると言われています。これは何も、スピリチュアルな話ではありません。

たとえば、何かを始めるとき、

「とりあえず、やってみますね」

などと言っていませんか?

何気なく言っているつもりでも、聞いているほうとしては、

「この仕事は『とりあえず』のやっつけ仕事?」

という印象を持つでしょう。ベターな言い替え言葉としては、「まず」です。

「まずやってみますね」

と言えば、先ほどよりもよほど前向きな印象を与えることができますし、自分自身も積極

的に仕事に取り組む気持ちになるのではないでしょうか。

ほかにも、「……でいいです」は、消極的な印象を与えるので、「……がいいです」と言い替えるといいでしょう。

また、「させていただく」はへりくだりすぎて、逆に慇懃無礼な感じがします。「やります」と言い切ってしまったほうが、気持ちのいいものです。

それから、「いつも……する」とか「絶対に……しない」といった、主観で断定するような言い方は、聞いていて不快な気分になります。これは、人に照準を合わせた表現だからだと思いますが、人ではなく、問題点にフォーカスすることのほうが大切です。

ポジティブで主体的な言葉を使っていると、自然と自分の気持ちもポジティブになっていきます。「ラベリング」という社会心理学の用語があり、人にレッテルを貼る（ラベリングする）と、その通りに行動してしまう、というものですが、これは自分自身に対してもあてはまります。自分に対してネガティブなラベルを貼ると実際の心境も行動もネガティブになり、反対にポジティブなラベルを貼れば本当にポジティブになります。

自分がいつも使っている言葉は大きな力を持っているのです。ぜひ、自覚的に使うようにしましょう。

42

コミュニケーション

自分の発言に許可を求めず、責任を持つ

提案でも主張でも要求でも、何かを発言をするときに、許可を求めるような形で述べるのはやめましょう。

「出張のあと休暇を取ってもいいですか？」

「期限を延長してもいいですか？」

さらには、

「外出してもいいですか？」

「早退してもいいですか？」

他人の許可がなければできないというのは、ある種の責任逃れです。まるで子どもの言動です。

許可を求めて否定されたら、どうするのでしょうか。

もしも「ダメ」と言われたら、あきらめてしまうということでしょうか。

早退であれば、早退する正当な理由があるからするのであって、もし断られたらあなたが困ることになります。

理由をきちんと説明したうえで、報告の形で発言すればいいと思います。

許可を求めるのではなく、あなた自身の発言や行動は、あなたが責任を持ちましょう。

また、会議の場での発言の際にも注意が必要です。

「製品の仕様を変えた方がいいんじゃないでしょうか?」

と、まるで許可を求めるような、尋ねるような言い方をするかわりに、

「製品の仕様を変更する必要があります。理由は……です」

と言い替えると、ぐっと説得力が増します。

指摘や主張についても、語尾に疑問文を加えたりするケースがありますが、それは自信のなさの表れと受け取られかねません。

「この方法がいいと思います。そう思いませんか?」

「プロジェクトの遅延が目立ってきているようですね。追加要員を手配したほうがいいと思うんですけど、どうでしょう?」

最後の疑問文は不要です。自信を持って、言い切ってください。

43 コミュニケーション

「何を話すか」だけでなく「どう話すか」を考える

人に何かを伝えるときは、「伝え方が七割」とも言われます。

この割合には諸説ありますが、**「何を話すか」よりも「どう話すか」のほうが、大きな影響を与えている**ということを表しています。

心理学者アルバート・メラビアンによる「メラビアンの法則」によれば、人が情報を受け取る割合の内訳は、言語情報（話の内容など）が七パーセント、聴覚情報（声の大きさ、トーン、口調など）が三八パーセント、視覚情報（見た目、表情、しぐさなど）が五五パーセントと言われ、言葉による伝達は、一割にも満たないと言われています。

そもそも、コミュニケーションとは、情報だけを伝えるものではなく、同時に感情も伝えるものです。

情報だけを伝えるのであれば、それは命令、あるいは指示です。

そこに**感情がプラスされて、はじめてコミュニケーションになる**のです。

「あなたがこれをしてくれると私は嬉しい」といったように、感情をプラスして伝えられるのがコミュニケーションの特性でもあります。

ということは、そうした**感情を、情報にうまく乗せることができれば、よりよいコミュニケーションができる**ということでもあります。

では、そのためにはどのように話せばいいのでしょうか。

いいコミュニケーションをもたらす要件としては、声の調子や質、大きさ、高さ、間、話すスピード、表情、ジェスチャー、姿勢、しぐさ、顔や体の向き、相手との距離、さらには、服装、髪型、アクセサリーなど、あなたを構成する、ありとあらゆるものが、総合的に関係してきます。

具体的には別項でお伝えしますが、人は相手と話しながら、そうしたさまざまな情報について、あなたが発するメッセージとして受け止めます。

ですから、ビジネスパーソンとして、伝える内容を精査するのはもちろんですが、その伝え方にも大きな配慮が必要です。

また同時に、その伝え方においては、ぜひポジティブな感情を伝えられるように心がけましょう。

44
コミュニケーション

大きく低い声でゆっくりと話す

信頼感を相手に与える話し方とは、どんなものでしょうか。

自信を感じさせる、落ち着いた話し方ということになると思いますが、具体的には次のようなものになるでしょう。

小さい声よりは大きい声で、高い声よりは低い声で、早口よりはゆったりしたスピードで。

テレビで女性アナウンサーを見ていると、同一人物であっても、バラエティ番組のときと、ニュース番組のときとでは、話し方も声の調子もまったく違うことがわかります。ニュースを読むときは、低い声で、ゆっくりと、間をとりながら、説得力ある話し方をしているはずです。

アナウンサーのようにはいかなくても、**声は練習しだいで必ず変えられます。**

女性は比較的、声が高くて小さい人が多いように思いますが、高い声になるのは、呼吸が浅いから。緊張して呼吸が浅くなると、声帯がしめつけられて、声が細く、高くなってしまうのです。

話す前には深呼吸し、背筋を伸ばして、首や肩の筋肉をほぐしましょう。頭のてっぺんに糸がついていて上から吊り下げられているようなイメージを持って、いい姿勢で声を出しましょう。

練習のためには、自分の話しているところをスマホなどで録画して、一度聞いてみるといいと思います。最初は自分の姿や声にショックを受けるかもしれませんが、現実を直視することが、具体的な改善の第一歩です。

チームメンバーに聞いてもらい、直接フィードバックをもらうのもいいでしょう。

また、上手な人のスピーチを聞くことも、とても参考になります。

パワフルな女性スピーカーとして私が尊敬しているのは、サッチャー元首相、ヒラリー・クリントン、ラガルドＩＭＦ専務理事など。

彼女たちの過去のスピーチはYouTubeで簡単に聴くことができます。

また、過去のスピーチと最近のスピーチを聴き比べてみると、声の出し方やトーンが大きく変わっていることがよくわかりますので、ぜひ参考にしてみてください。

45
コミュニケーション

かしこい質問をする

仕事では、「かしこい質問」と「かしこくない質問」があります。

「それって何ですか?」

「どうしてですか?」

このように、頭に浮かんだ疑問を、そのままカジュアルに質問してしまうのが、「かしこくない質問」です。

こういう質問を多用する人は、「あの人は信頼できる」とか「仕事を十分に任せられるな」といった印象は持たれません。

では、「かしこい質問」とはどんなものでしょうか。

私の働いていたＩＴ業界の例で言えば、

「このプロジェクトにおける現在のリスクを挙げるとすると、テクニカル、スコープ、体制のどれが大きいでしょうか? また、その発生確率と対応策はどうなっていますか?」

といった具合に、**きちんと勉強をしていないとできない質問が「かしこい質問」**です。

また、こんなふうに**同時に複数の質問を重ねることによって、いろいろな観点から考えているということも伝えることができます**。

こんな質問をされたら、よく状況を把握し、それを的確に整理して伝えられる人だな、と受け止められるでしょう。

かく言う私も、新入社員のときは「かしこくない質問」ばかりしていました。

「すみません、これはどういうことですか？　教えてください」

と言ったとたんに上司にギロっとにらまれ、

「自分で調べたのか？　そして君はどう思うんだ？」

と言われ、冷や汗をかきました。

「自分なりに調べてみたところ、こうではないかと思ったのですが、そういうことで合っていますか？」

こんな質問ができていれば、きっと上司も、どれどれ教えてやろう、という気持ちになったはず。あなたもぜひ、かしこい質問を心がけてください。

46

コミュニケーション

クッション言葉を使う

特に会議で発言するときには、ぜひ「クッション言葉」を使ってください。

「クッション言葉」は、自分の意見を述べる前に、まず相手の言葉をいったん受け止めるためにはさむ言葉です。

会議の場で「それは違います」「それはおかしいと思います」「……すべきだと思います」などと、いきなり指摘したら、その場が凍りついてしまいます。

私も苦い経験があります。少し会議で発言できるようになってきたころ、先輩にエレベーター前で呼び止められ、注意を受けました。

「あなた、会議でほかの人がどんなふうに発言しているか、よく聞いてごらんなさい。あなたみたいに真正面から否定している人はいないわよ」

会議での発言は、あくまで議論を前に進めて会社の利益に貢献するためのものです。誰が正しい・正しくないと判定するためのものではありません。

学校では「正しい・正しくない」が問題になりますが、組織においてはそれは問題ではなく、「場の目的が何か」が問題になります。

そのためには、**適切な「クッション言葉」が必要**なのです。

「部長のご意見は確かにおっしゃる通りですね。加えて、お客様と日頃接している立場で提案いたします」

このように、クッションを置いて、まず肯定するという方法に加えて、**相手の発言をまとめて述べ、確認するような形で冒頭に置くという方法**もあります。

「いま部長がおっしゃったのは、プロジェクトの遅れを回復する方法はスキルの高い要員の追加だというご意見ですね。その点については私も同意見です。さらに、並行している三つのタスクの順番を入れ替える施策を提案いたします」

こうして相手の意見を受け止めることで、そのあとに述べる自分の意見も、ずっと受け入れられやすくなります。

なお、「先ほども申し上げましたが」などの言葉は相手を否定しているので禁句です。言ったけれども伝わらなかったのは、あなたのメッセージの届け方が不足しているから。よりよい伝え方を工夫しましょう。

47

コミュニケーション

文章の最後に肯定文を持ってくる

人間心理として、最後に聞いたことをより強く覚えているものです。

これは、心理学用語で「終末効果（親近効果）」と呼ばれ、最後の印象が全体の評価に大きな影響を及ぼすという現象です。

したがって、**何かを相手に伝えるときには、文章の最後に、もっとも伝えたいことを持ってくる**ようにしましょう。

次の二つの文章を比べてみてください。

「とても丁寧に修理しますが、少し時間がかかります」

「修理には少し時間がかかりますが、とても丁寧な仕上がりです」

この両者を比較すると、同じことを言っているのに、まったく印象が違うことに気づくはずです。

前者では時間がかかるというマイナス要因に意識が向きますが、後者では「仕上がりがいい」というプラスの面をより強く印象づけられるでしょう。

これは簡単でとても有効なテクニックです。

ビジネスにももちろん応用できます。

「こちらのプランですと、いまよりもコストは若干かかりますが、売上は一〇パーセントアップしますよ」

「こちらのプランですと、いまよりも売上は一〇パーセントアップしますが、コストは若干かかりますよ」

どちらも同じ内容なのに、後者ではコスト増が強く印象に残り、契約することがためらわれます。しかし前者では、売上の伸びが強く印象づけられて、契約してもいいかなという気分になりそうです。

このように、**短い会話の中では、自分がいちばん伝えたい内容を最後に持ってくるようにすれば、それだけで説得力がぐっとあがります。**

ある程度の長さのスピーチやプレゼンテーションの中であれば、最初と最後はもちろん、ダメ押しにもう一度と、同じことを何度も連呼することで、説得力ある伝え方となるでしょう。

48

コミュニケーション

「でも」「だって」「どうせ」「ですから」で話を始めない

ここでは、特に私が使うのをやめたほうがいいと思う言葉づかいについて、ご紹介したいと思います。

「でも、いまほかにも抱えてる仕事があるし……」

「だって、そんなこと聞いてませんからムリです」

「どうせ、私なんかダメです」

「ですから、それは難しいです」

といった「D言葉」で始める話し方です。

「でも」「だって」「どうせ」は、言い訳の言葉です。

何かをやってみようというときにも、できない理由ばかりを考えている後ろ向きな人が、この言葉を多用します。

自分が失敗しないために、リスクを回避したいという思いが強く伝わってきます。

また、**「ですから」は自己主張の言葉**です。

本来は文中に置いて、前の文章と後ろの文章を論理的につなぐ接続詞なのですが、特に脈絡もなく、冒頭に「ですから」という接続詞を持ってくるのは、自分の発言に説得力を持たせたいからでしょう。

以前の職場に、議論になると必ず「ですから！」と話し始める人がいて、みんなからひそかに「ですからくん」と呼ばれていました。

自己主張の強い言葉なので場の雰囲気を悪くしますし、自分のことをわかってくれないオーラが全開で、仲間からは困った存在と見られていました。

こうしたD言葉は、使っていいことは一つもありません。

よりよい言い替え言葉を考えてみたのですが、なくても意味が通じることに気づきました。言い替えるよりは、シンプルに、言わないほうがよさそうです。

もしどうしても治らなければ、「D言葉貯金」はどうでしょう。うっかり言ってしまったら、百円玉を貯金箱に。

かつて、職場で別の禁句があったときに、同じように貯金箱制を試してみましたが、効果てきめん、あっという間に治りました。

49

コミュニケーション

あいさつはこちらから、名前を呼んで

あいさつは社会人の基本です。明るいあいさつは、職場の潤滑油となります。

チームメンバーであいさつができない人がいたら、ぜひ、上下関係にかかわらず、あなたから積極的に声をかけてあげてください。

そのときのポイントが二つあります。

一点目は、**あいさつに続けて名前を呼びかける**こと。

一対一のあいさつに限られますが、

「おはようございます、○○さん」

と名前を呼びかけることで、「私はあなたに向かってあいさつをしていますよ」という直接的なメッセージを送ることになります。

二点目は、**あいさつに続けて、ほんの一言でいいので、何か具体的なことについて触れてみる**こと。

「この間の資料、とてもよくまとまっていて助かったわ」

と軽くほめるのもいいですし、

「あのプロジェクトの進捗はどう？」

など、様子を聞いてみるのもいいでしょう。

相手が上司であれば、

「先日は取引先にご同行くださって、ありがとうございました。おかげさまでその後もうまくいっています」

などと、簡単にお礼や報告をするのもいいですね。

具体的な話題を持ち出すことで、「私はあなたに興味を持っています」というメッセージを伝えることになります。

二点とも、ごく簡単なことですが、続けていくことで、相手はあなたに信頼感を持つようになります。

長時間、複雑な話をする必要はありません。

エレベーター前やランチ先などでばったり会ったときなどはチャンスです。

ぜひ、明るい声で声をかけてみてください。

50

コミュニケーション

感謝の言葉は具体的に伝える

いつも一緒にいる仲間だからこそ、感謝の気持ちは口に出して伝えたいもの。

「ありがとう」という言葉はそれだけでも嬉しいものですが、さらにいいのは、具体的に伝えること。

「この間はありがとう」だけでも、言わないよりはずっといいのですが、それだけでなく、**具体的にどんなことについて、とても助かったと思っているし、感謝しているんですよ、と付け加えることができると、こちらの気持ちもよく伝わります。**

漠然とほめられただけでは、もしかすると社交辞令かな、と思う場合もあるかもしれません。しかし具体的にほめられれば、本当に役に立てたんだな、と実感することができるでしょう。

たとえば、

「この間してくれたサポート対応がとても早かったので、こちらでもその後の対応がすぐにできて、すごく助かったよ」

「昨日出してもらった資料がすごく詳細にできていたから、そのあと部長への説明もスムーズにできたよ」

などと、感謝されているポイントを具体的に示すと、手伝ったほうも、次回も的確なサポートができます。

感謝の気持ちを上手に伝えることができれば、また次にお願いごとがあったときも、引き受けてもらえる可能性が高くなります。

さらに、何か改善してほしいことがあるときも、一度ほめたあとで、指摘事項を伝えるようにしましょう。

「今回は本当にありがとう。解決が早くてお客様がすごく喜んでいたよ。さらに、レポートも二日以内に出せば、もっと評価があがるよ」

などと言えば、相手も素直に改善しようと思うはずです。

ちなみに、感謝も指摘も、できる限りその場ですぐ、が原則。時間がたってからでは効果が半減してしまいます。

コラム 3

働く女性が元気と勇気をもらえる映画②

『キューティー・ブロンド』

最初は「かわいい金髪のお嬢さんが奮闘する、ガールズ・サクセス・ストーリーでしょ」と思っていましたが、途中から、「待てよ。この人すごくすてきじゃない？」と思えてきます。主人公エルは女子力全開ですが、決して媚びない、その戦い方がいい。

彼女の人柄、努力、タフさ、自立と自律への想いに心打たれます。

『ペンタゴン・ペーパーズ／最高機密文書』

アメリカ政府によって三〇年間隠蔽されてきたベトナム戦争に関する最高機密。ホワイトハウスに圧力をかけられながらも、その文書を公表しようとする新聞社のトップと編集主幹をメリル・ストリープとトム・ハンクスが演じ、とても見ごたえのある映画です。

しかしここでは、働いたことのない主婦だったキャサリンが、夫の死によりワシントン・ポストという大新聞社の社主になり、リーダーへと成長していくさまをぜひ見てほしい。就任直後は話し方、目線、しぐさ、歩き方、すべてが頼りなく、自信なさそうな様子だった彼女が、会社を揺るがす大きな決断の機会を経て、徐々に変化していきます。
本書の中で、「自分をプロデュースする」「自信のあるようにふるまう」「プロフェッショナル感を演出する」とお伝えしていますが、キャサリンのビフォーアフターを見ると、それがどういうことか、はっきりとわかります。これを演じるメリル・ストリープのすごさにもふるえます。

『アポロ13』

女性が活躍する映画ではないのですが、リーダーシップがとてもよくわかる映画なので、ぜひご紹介したいと思います。
月まであと少しのところで爆発事故が発生したアポロ13号。次々と未経験の事態が発生する中、地上の管制センターとともに、地球への帰還をめざす。アポロ13号船長のジム、地上管制官のジーン、打ち上げ直前に乗組員を外されたケン。特にこの三人が、それぞれの立場で、この未曽有のプロジェクトに貢献するさまは、それぞれすばらしいリーダーシップの発揮の仕方です。

第4章

見せ方・書き方のコツ

▼プレゼンテーション
▼メール
▼文書

51

プレゼンテーション

成功を決めるのは相手

ここから数項目にわたって、プレゼンテーション（以下、プレゼン）についてお伝えしたいと思います。

プレゼンの詳しい技術については多くのハウツー本がありますが、ここではプレゼンの準備をする前に、ぜひとも押さえておいてほしい、基本的な事項についてご紹介したいと思います。

そもそも、プレゼンとは何のために行うものでしょうか。

すべてのプレゼンに共通する最終目的は、「相手に変化を起こす」ことです。もう少し言うと、**その変化によって「相手に次のアクションを起こしてもらう」こと**です。

まずはその目的を念頭に置きつつ、次の二つのことを明確にしてください。

まず一つ目は、**コア・メッセージ**を決めること。コア・メッセージは、もっとも相手に伝えたいメッセージを一言で表現したものです。なるべく短く、1センテンスで言い切ることのできる内容にしぼりこんでください。

シンプルで明確なものでなければ印象に残らず、相手はあなたのメッセージを覚えることができないまま、プレゼンが終わってしまいます。

二つ目は、**プレゼンが終わった後、相手にどうしてほしいか**を決めること。

ここでのポイントは、動詞で考えること。「○○の紹介」や「△△の説明」などでは、次のアクションが見えてきません。「○○の紹介をして、この商品の品質のよさを相手に理解してもらい、購入してもらう」などと、動詞で考えることで、プレゼンの最終目的である、相手に起こしてほしい「次のアクション」が決まるのです。

この二つを押さえずに、いきなり資料を作り始めても、結局何を言いたいのかわからない散漫なプレゼンになってしまいます。

コア・メッセージが伝わり、相手に変化が起こり、その結果、期待したアクションを相手が取ってくれれば、そのプレゼンは成功です。逆に、たとえ自分としてはどんなに満足のいく出来だったとしても、相手が動かなければ失敗です。

ですから、**プレゼンの成功を決めるのは、自分でも同僚でもなく、あくまでも「相手」**なのです。

52
プレゼンテーション

シナリオを決める

前項でお伝えした二つのポイントを押さえたら、次にシナリオを決めます。**コア・メッセージを、どう伝えるかを決めていくのがシナリオ作り**です。

効果的なシナリオを作るためには、相手をよく理解しておくことが必要です。

相手の人数はもちろん、立場、年齢、性別、興味、知的レベル、相手がビジネスにおいて重視しているポイントや、相手にとっての成功は何かなど、徹底的に情報収集しておくと、相手がどんなシナリオに共感するかを判断する助けとなります。

シナリオとは、プレゼンテーションの筋書きです。人は物語に感動し、共感するものですから、いいシナリオは必ず物語（ストーリー）仕立てになっています。

代表的なのが「**サクセスストーリー**」と「**ホラーストーリー**」です。

「サクセスストーリー」は、明るい未来を見せるもの。CM等にも数多く使われ、「これがあるとこんなによくなる」という成功体験をイメージさせて購入意欲をかき立てます。

「ホラーストーリー」は、危機感をあおるもの。「これがないとこんなに困ることになる」というリスクや失敗体験を伝えることで必要性を訴えます。

状況に応じて適切な筋書きを選び、次に必要な要素を書き出していきます。

もっとも基本的な要素と順序は、**課題→原因→解決策→効果**で、それぞれにつき、課題①、課題②……などと枝分かれさせながら、全体のストーリーを作り上げます。

さらに、それらの説得力を増すためのエビデンスとして何を見せる必要があるのか、データなのか画像なのか、あるいは実物のデモンストレーションなのか、そしてどこに配置するのかなども同時に検討していきます。

私の場合、いつもこの作業はふせん紙を使って行っています。手書きで一項目ずつふせん紙に書き込み、順番を入れ替えたりしながら組み立てていくと、シナリオ作成がとてもスムーズなので、おすすめします。

53

プレゼンテーション

パワーポイントを開くまでに七割の時間をかける

前項までの作業は、すべてパワーポイントを開く前の準備事項です。

ここまでの準備で、資料作成に費やす時間全体の約七割を使います。

ということは、シナリオが完成すれば、プレゼンの大事な部分はほとんど決まったことになります。スライドが何枚になるのかもおおよそ決まるはずです。

そのうえではじめてパソコンを開け、パワーポイントを立ち上げます。すでに大事な要素は決まっているので、あとは実際に資料を作り込んでいくだけです。

私も以前は、プレゼンをすることになると、いきなりパワーポイントを開いて資料を作り始めていました。

しかし、それだとなかなか完成度の高い資料ができあがらず困っていたところ、当時の先輩から、前項でお伝えしたような指導を受け、もっと準備に時間をかけるべきだと気がついたのです。

なお、ふせん紙を使ってシナリオを決めていく方法のほかに、マインドマップを使うという方法もあります。

マインドマップは、コア・メッセージを中央に書き、そこから現状や課題などといった要素を枝分かれさせながら書いていく方法です。

私には、ふせん紙を並べ替えながら考えていく方法のほうが、ストーリーの流れもわかりやすく、順番も入れ替えしやすく考えやすいのですが、ご自身のやりやすい方法を考えてみてください。

いずれにしても、**相手の立場に立って、資料を作っていくのがプレゼン資料作成の基本**です。相手には、あなたのプレゼンを聞かないという権利もありますから、まずは聞いてもらうための努力を十分にするのが、成功の秘訣です。

聞いてもらう資料を作るには、入念な準備あるのみ。プレゼンをする前には、準備時間を十分に確保するようにしましょう。

準備をしっかりと行ったら、あとは何と言っても練習です。プレゼンの天才スティーブ・ジョブズでも何百回も練習したそうです。そこまではできなくても、大事なプレゼンなら二〇回や三〇回は練習すべきでしょう。

54

プレゼンテーション

スライドは相手の人数によって作り分ける

シナリオが決まって、パワーポイントを開いたら、いよいよ実際にスライドを作る作業に入ります。

その際、気にしておいてほしいことが一つだけあります。

それは、**プレゼンをする相手の人数**です。

そもそもプレゼンの本質は、一対一であっても、一対一〇〇であっても、一対一〇〇〇であっても何も変わりません。

ただし、スライドの作り方は、相手の人数によって変えなければなりません。なぜなら、人数によって会場の広さも変わり、適した説明の仕方や、相手に資料の見える範囲が異なってくるからです。

まず、相手が**五人以下の場合**は、スライド当たりの情報量が多少多くても大丈夫。少人数なので、相手と向かい合い、印刷した資料をお互いに手元で確認しながら説明することになるでしょう。もし伝わりにくい部分があれば、説明を追加したり、補ったりすることもできるので、状況にあわせて柔軟に対応することができます。

次に、相手が**一〇人前後の場合**ですが、このぐらいの人数になると、プロジェクタに資料を投影して説明するケースも多くなるでしょう。会場の広さも確認し、相手が見える範囲を考慮して、スライド内の情報量をしぼりこんでいく必要があります。文字ばかりにならないように、画像やグラフを効果的に使うことを考えましょう。

最後に、**一五人以上の場合**ですが、こうなると会場もそれなりの広さが想定され、プロジェクタの使用もほぼ必須となります。一〇〇人を超えるような大人数の場合になると、いくらプロジェクタを使っていても、後ろのほうの席に座っている人には見出し以外の文字はほとんど見えません。

文字サイズやフォント選びはもちろん、表現についてもブラッシュアップし、簡潔で印象に残りやすい文言を箇条書きで並べましょう。文字よりも画像やグラフなど、視覚に訴える資料をメインとして、よりインパクトのあるスライド作りを心がけましょう。

このように、**相手の人数によって、スライドの作り方、構成の仕方は工夫をする必要があること**を、ぜひ意識しておいてください。

55

プレゼンテーション

1スライド1メッセージで「読まない・読ませない」

スライド作りの原則は、**「1スライド1メッセージ」**です。もし二つのメッセージを伝えたいなら、二つのスライドに分けましょう。

スライドごとのメッセージを「サブ・メッセージ」と呼びますが、これらは最終的にすべて、最初に決めたコア・メッセージにつながっていきます。

つい欲張って、いろいろな内容を詰め込みたくなりますが、一つのスライドに複数のメッセージが混在すると、それぞれのメッセージが散漫になり、結局何を伝えたいのかがはっきりしなくなるので、必ずこの原則は守るようにしましょう。

また、メッセージを明確に伝えるためにも、シンプルなスライド作りを心がけてください。パワーポイントにはさまざまな機能があり、いくらでも凝ったスライドを作ることができますが、作り込んだスライドがいいとは限りません。見栄えはよくても、メッセージをクリアに伝えるためには、むしろ逆効果であるとさえ思います。

色を使うなら三色までとして同系色でまとめ、アニメーションなども、ここぞという時にだけ使うようにします。また、フォントもあれこれ使わず、メイリオなどの見やすいもので統一するといいでしょう。

また、スライド作りのもう一つの原則は、**「読まない・読ませない」スライドを作ること。**自分で読み上げることなく、相手にも読ませないスライドです。

書いてある内容を読み上げるだけのプレゼンは、時間のムダです。

せっかく相手の時間をもらっているのですから、書いてあること以上のことを伝えましょう。あなたがいまここで話す必要性のあることを話すようにしてください。

そして、自分も相手も、そこに文字があればどうしても読もうとしてしまいます。しかし、人間が同時に処理できることは一つだけ。聞きながら読むことはできません。

パワーポイントのデフォルトでは、一枚のスライド本文に二三一字もの文字が入ります。これを読むのに平均で四〇秒近くかかりますが、それがスライド三〇枚分にもなれば、実に二〇分もの間、相手はあなたの説明を聞いていないことになります。

なんともったいないことでしょうか。このようなことを避けるためにも、スライドの文字は必要最小限にする必要があります。

56

プレゼンテーション

質問があるのは内容がよかった証拠

プレゼンの質疑応答が憂鬱――。そんなふうに思っていませんか?

想定外の質問が出てパニックになってしまうのではないか、失言してしまったらどうしようなどと、不安に思う気持ちはよくわかります。

私自身も以前は質疑応答が苦手で、質問されると、まるで自分自身が否定されたように思い、傷つくこともありました。

日本ではこんなふうに質問を恐れる人が多いようですが、欧米ではまったく違います。むしろ自ら積極的に質問を求め、質問が出ないプレゼンは失敗と考えています。質問がないということは、相手が興味を持たなかった、ということだからです。

その後実際に私も、欧米人のプレゼンを見聞きしたり、自分でも質疑応答を重ねたりするうちに、質問がどれほどありがたいものかを実感するようになりました。

ある質問をきっかけに議論がいい方向に展開したり、自分の考えをさらに深める契機になったりと、質問は避けるどころか歓迎すべきものだということが、だんだんわかってきたのです。

あなたのプレゼンを聞いて、何か尋ねてみたいと相手が思ったということは、その内容に興味を持ったということ。決してあなたを否定しているわけではなく、むしろいいプレゼンをした証拠です。自信を持って質問に対応しましょう。

質問を受けたら、まずは感謝の気持ちを述べ、自分のプレゼンに付加価値を与えてくれたことに、心から感謝しましょう。

続けて、質問内容を自分の言葉で言い替えること。これは、質問事項をその場にいる人と間違いなく共有したうえで、答えを考える時間を稼ぎ、質問の内容を自分の答えやすい方向にコントロールする意味合いもあります。

その後、自分の考えを話し始める前に、相手の言葉を一度肯定して受け止めること。これらができれば、ほとんどの質問者は納得してくれるはずです。

質疑応答の様子は、ほかの聞き手も見ています。このときの様子も、あなたが信頼できる人間であるかどうかを判断する材料になっていますから、まずはリラックスして、落ち着いて対応できると好印象を与えることができます。

57

メール

メールチェックの時間を決める

いまや一日に受け取るメールが一〇〇通を超えるという人は少なくないと思います。それほど大量のメールを、受信するたびにチェックし、返信していたら、もうそれだけで一日が終わってしまいます。

それほどメールが多くない場合でも、メールチェックの時間を非効率に感じ、短縮したいと思っている人は多いのではないでしょうか。

そのためには、**あらかじめ自分のスケジュールにメールチェックの時間を組み込んでおく**ことをおすすめします。

たとえば午前中は九時と一一時、午後は二時と四時、それぞれ一〇分ずつなどと決めたら、スケジュール帳に書き込んでしまいます。終了時間も組み込んでおくことで、だらだらとメールに時間をかけることを防ぎます。

メールチェック自体が仕事のサポートセンターのような職種の場合は別ですが、そうでなければ、新着メールの通知もオフにしておき、**決めた時間以外はメールのことは忘れてしまいましょう。**

同時に、メール処理の方法も、自分なりに決めておきましょう。

メールソフトの自動仕分け機能などを使って、ＣＣやＢＣＣで届くメールを振り分けておくと、自分宛（ＴＯ）で届くメールを優先して確認できます。

基本的には自分宛のメール以外は返信の必要はないはず。それ以外のメールは一日に一回だけ見る、あるいは必要なときにまとめて見る、などとルールを決めておくと、一度に処理するメールの数を減らすことができます。

また、複雑な内容のメールに対して、じっくりと対応を考えてから返信をすると、時間がかかりすぎてしまいますから、その場合は、メールを受け取ったことと、対応は別途検討するということだけを返信して伝えておけば、相手も安心します。

そもそもメールは非同期のツールですから、届いてすぐに返信をする必要はないと割り切りましょう。もし本当に緊急の内容であれば、読むかどうかわからないメールではなく、電話などそれなりの方法で連絡が来ますから大丈夫。

メールに時間を盗まれないようにしましょう。

58
メール

タイトルに配慮する

メールはまず、相手に開封してもらわなければ始まりません。

大量の受信メールの中から、あなたのメールを見つけ出し、開封してもらうためには、件名（タイトル）にそれなりの注意が必要です。

いちばん重要なのは、**ひとめで内容のわかる件名にする**ことです。たとえば、こんな件名はわかりにくい代表例です。

〇〇商事の△△です

お願い

至急の件

これでは開いてみるまで内容がわかりません。

最悪の場合、ウイルスメールかと思われて、削除されてしまう可能性もあります。

いい例としては、

面会の御礼（〇〇商事・△△）

【5/10まで要回答】追加資料について（鈴木）

などのように、本文を読まなくても用件がすぐにわかるもの。

発信者、回答の必要の有無、期日までわかればベストです。これなら開封しなくても、だいたいの内容は把握できます。

報告や情報共有の場合や、業務に関係のないお知らせなどの場合も、【ご報告】【情報共有】【業務外】などと件名に入れておくといいでしょう。

このような件名の付いたメールであれば、受け取った相手は、緊急度の高いメールから優先的に処理していくことができます。

ビジネスパーソンの七一パーセントは、件名を見てそのメールを開くかどうかを決定するそうです。また、件名の文字数が三五字以内で、数字とカタカナが入った件名だと開封率があがるそうです（越川慎司『ビジネスチャット時短革命』インプレス、二〇二〇年）。

確実に読んでもらえるかどうかは、件名で決まると言っても過言ではありません。何事も相手に対する配慮です。件名をうまく使いこなして、メールに差をつけましょう。

59

メール

あいさつ文は不要、すぐに本題に入る

ビジネスメールは「簡潔さ」が命です。

丁寧にしたためる手紙とは違い、メールにはメールの文法があります。

メールでは、手紙のように「青葉が目にまぶしい季節となりました」「朝晩の冷え込みも厳しくなり……」などと時候のあいさつを入れる必要はありません。

また、「いつもお世話になっております」「お忙しいところ恐れ入ります」などの文言も、ほとんど実質的な意味はなく、ただ慣例として書いているにすぎません。

こうした**あいさつ文は、メールではすべて省略してかまいません。余計な文言は排除して、すぐに本題に入りましょう。**

ムダな本文が続くと、その分メールが長くなり、自分もメール作成に余分な時間を使ううえに、忙しい相手の時間を奪うことになります。短時間で理解できるよう用件を伝えるのが、相手への配慮であると覚えておきましょう。

「夜分恐れ入ります」「朝早くから失礼します」などの書き出しを見かけることがありますが、たとえ書いたのが深夜や早朝であっても、相手が読むのはきっと翌日の始業時間以降になるはず。深夜早朝に仕事をしています、という自己アピールもそこはかとなく感じさせ、いずれにしてもいい印象は与えません。

最近では、海外とのメールのやりとりも増えていますから、より一層、読む人は自分と違う環境にいるかもしれないという想像力が必要です。

なお、英語のビジネスメールは実に簡潔です。時候のあいさつはもちろん、日本語のメールのようなムダなイントロもありません。

たとえば、子どもの発熱で早退したい、と上司に連絡する場合、英語では「Dear Manager, I will take a half day off to take my son to the hospital.」などと、用件のみで終了するのが一般的です。

英語でメールを書く際には特に、不要な文言を避けるように気をつけましょう。そうしないと、相手への配慮が足りない人という評価を受けてしまいます。

そして日本語のメールも、できるだけ簡潔さを心がけ、自分がメールを書く時間も、相手がメールを読む時間も、ムダに使わないようにしましょう。

60

メール

メールの見た目を意識する

メールを開いてみたら、文字がぎっしり並んでいて読む気がしない――。

そんな経験はないでしょうか。

先にご紹介した『ビジネスチャット時短革命』によれば、**メールの本文が一〇五文字を超えると閲覧率が下がる**そうです。

せっかくメールを開いてもらえても、これではきちんと読んでもらえません。

長くなる用件であれば、冒頭で要点を述べ、詳細は後半に別記するといいでしょう。

その際も、だらだらと文章が続くよりも、**箇条書きでまとめられていたほうが、わかりやすい**ものです。

じっくりと読み込まないと理解できないようなメールは、後回しにされたり、あるいは主旨がきちんと伝わらなかったりします。

見やすさを考慮して、適切な位置に句読点を打ったり、改行や行分けをしたりすること

も必要です。細かく分けすぎてしまってもいけませんが、話題の区切りごとに段落を作るようにすると見やすいでしょう。

さらに、一つの文の長さにも気を配りましょう。**一つの文の中では一つのことだけを言うように心がけて**ください。

最近では、さまざまな媒体でメールの確認ができますので、必ずしも相手がメールをパソコンの広い画面上で読むとは限りません。

たとえば相手がスマホでメールを読んだとしても、長すぎない分量を気にしながらメールを書きましょう。

なお、一般的に、日本語の文章において、**漢字とひらがなの割合は三対七が黄金比率**と言われています。漢字が多すぎても、ひらがなが多すぎても、スムーズに認識しにくくなりますので、この比率は頭の片隅に置いておきましょう。

見やすいメールは、相手への配慮であるとともに、誤読や誤解が生じるのを防ぎ、自分自身の仕事をスムーズにします。

送信ボタンをクリックする前に一呼吸置き、メールの見た目を第三者視点でチェックしてみてください。

61

メール

打ち合わせの日時は自分から決める

メールで打ち合わせの日時を相談するとき、「ご都合のいい日時をお知らせください」などと、書いていませんか？

取引先との打ち合わせであっても、社内での打ち合わせであっても、こうした書き方はおすすめできません。

謙虚な気持ちから、相手の都合を優先しようとする意図はわかりますが、実際には、相手の都合に合わせられないケースも出てくるはずです。

もしそうなると、日時を決定するために、このあとさらに二往復、三往復と、メールのやりとりを重ねなければなりません。

これでは自分にとっても相手にとっても手間が増え、使わなくていい時間を使わなければならなくなります。場合によっては、日時が決まっても場所が決まらず、さらにやりとりが増えるケースもあります。

こうした時間のロスを避けるために、**先に自分から二、三パターンの日時と場所を提案し、相手に選んでもらう**ようにしましょう。運がよければ、最短の一往復で決定でき、手間と時間を大幅に節約できます。

もちろん、一方的な言い方にならないように配慮することは必要ですが、なるべく少ない回数でメールのやりとりが完結できるような書き方を心がけましょう。

なお、日時の相談に限りませんが、「お返事をお待ちしています」などといった、いつまでとも言わずに返信を求めるのも、なるべく避けましょう。

メールは、相手がいつ読むのかわかりません。読んでいても、返信は後回しにされる可能性もあります。

返信が必要なときには、「四月二〇日の午後四時までにお返事をいただきますようお願いいたします」などと、**具体的な期日を明記してください。時間まで指定しておけば、さらに効率的**です。

また、逆に返信が不要な場合には、「このメールへの返信は不要です」「変更があるときのみご返信ください」などと書いておけば、気配りのできる人だな、と思ってもらえるはずです。

62

メール

いつもメールではなく、TPOで使い分ける

ビジネスで使う連絡のツールには、電話やメール、チャットなどさまざまな手段があります。

それぞれの好みや得意・不得意もあると思いますが、これらはTPOに合わせて使い分ける必要があります。

即時性という観点で順番をつけると、**電話→チャット→メール→対面**の順になります。

電話は急いでいるときに、確実に連絡を取りたいときに適していますが、相手の仕事の手を止めさせてしまうので、私はあまり好きではありません。

チャットもリアルタイムですが、忙しいときは対応を断ることも簡単にできますので、ある程度、都合を合わせることができ、私は便利に使っています。

ちょっとした確認事項などにはチャットが効率的だと思います。

情報量の多さでは、**対面→電話→メール→チャット**の順番です。

対面は、お願いごとや交渉ごとなど複雑なやりとりに適しています。出向くための時間を確保したり、予定を調整したりという手間がかかりますが、会ってしまえば、ものごとがスピーディに進みます。

交渉ごとをメールで行うのは時間がかかって大変ですし、チャットは複雑なことには適していません。

メールは返信にタイムラグがあるのに加え、リプライで何度も往復しているうちに、何日もたってしまいます。また、特定のメールを探し出したり、添付ファイルを探し出したりするのは、至難のわざ。うまく使いこなすにはコツが必要です。

番外編としては、手紙・はがきという手段もあります。いまどき手書きの手紙をもらうことも減りましたので、ここぞというときには有効かもしれません。

お礼状など、返事のいらないようなケースには、はがきがいいでしょう。字の上手下手にかかわらず、心をこめて丁寧に書かれたお礼状は嬉しいものです。

いずれにしても、**時と場合に応じて最適な連絡ツールを選びましょう。**

仕事を効果的に運び、生産性をアップさせるための第一歩です。

63

文書

読む人のことを考えて作成する

ここからは、文書や資料の作成全般のことについてお伝えしたいと思います。

資料作成は、多くのビジネスパーソンに必須の作業であるにもかかわらず、体系的に学ぶ機会は意外と少ないものです。

プレゼン資料であっても、社内資料であっても、資料を作成する際には、必ず読む人のことを考えて作成する必要があります。

もちろん、見た目は大切です。パッと見て、すぐに理解できるような資料を作る技術は、磨いておくべきでしょう。文字のフォントやサイズ、レイアウト、文章のまとめ方など、適切な形に資料を整える能力は、社会人として必須です。

ただ、ここでお伝えしたいのは、そういう見た目の話ではありません。

また、定型に沿って資料を作りましょう、という話でもありません。

みなさんには、もっと本質的に、「読む人のことを考えた資料」を作るようにしてほしいと思います。

そのポイントは、**相手が何を知りたいのかを考える**こと。相手の興味や意識に合わせた資料を作ることです。

相手が数字にこだわる人であれば数字を正確に。相手がプロセスを重視する人であれば、プロセスをきちんと説明する。相手が結論を急いでいるようであれば結論を先に提示する。相手がじっくりと検討したがっているのであれば、検討資料を十分に提供する。

あなたが説明したいことを説明するのではなく、相手の立場に立って、相手がどんなことが知りたいのかを、よく考えて資料を作るということです。

加えて、資料を読むのは、目の前の相手だけではありません。

取引先に提出する資料であれば、相手はその資料を社内の関係者に見せるはずですし、社内資料であれば、提出した上司の、そのまた上司にも見せるでしょう。

目の前の相手だけではなく、その資料を見る可能性のあるすべての人のことを念頭に置いて資料を作ることができると、さらにベターです。

こうして考えると、資料作成には意外と頭を使います。定型パターンで納得してしまわずに、自分なりに工夫をこらした資料を作るように心がけましょう。

64

文書

表記を統一する

文書を作成する際に気をつけてほしい基本事項の一つに、「表記の統一」があります。表記の統一も、読み手への最低限の配慮です。

出来る／できる　正に／まさに　及び／および
売り上げ／売上げ／売上　取り組み／取組み／取組
マネージャー／マネジャー　パソコン／PC
指針／ガイドライン　予定／スケジュール
ウェブ／Web／web／WEB／ネット／インターネット
利益／利潤／経常／プロフィット

などをはじめ、数多くの例を挙げることができます。

意味は同じでも異なった表記が可能な用語には注意して、漢字、ひらがな、カタカナ、送り仮名の使い方をそろえるようにしましょう。

また、厳密には異なる意味なのに、同じ意味だと思い込んで使ってしまったりすると、知識不足や注意力不足を疑われてしまうため、さらに注意が必要です。

文末表現に、「ですます調」と「である調」が混在したり、急に体言止めが混入したりする不統一も避けましょう。

もっと基本的なところでは、西暦と和暦、数字や英字の半角と全角、読点の「、」と「，」などの混在もよくありません。

官公庁に提出する公的文書では和暦が使われることが多いようですが、これも、どちらを使ったほうがいいのか、読み手に合わせて配慮したうえで、同一の文書内に混在しないようにしましょう。

数字や英字は半角で統一するほうが見栄えがいいと思います。ちなみに、カタカナを半角にするのは、スペース上の都合でどうしても、というときだけにしてくださいね。

さまざまな表記・表現が不統一な文書は、読む人が混乱するだけでなく、その文書やあなた自身の信頼性を落としてしまいます。

最近ではＳＥＯ対策のうえでも、表記の統一は重要なポイントとなります。文書校正ツールなども利用して、日ごろから注意するクセをつけておきましょう。

65 文書

送る前にチェックする

苦労して文書を作り終えたら、ちょっと立ち止まり、全体を読み返してみましょう。

英語の文書ではスペルミスが起こりがちですし、日本語でも、てにをはの使い方、漢字変換のうっかりミスなど、思ってもいない間違いがある場合があります。

私が実際にビジネス文書やメールなどで目にしたことのある、悲しいうっかりミスの事例をいくつかご紹介しましょう。カッコの中が正しい使い方です。

×ご変身（○返信）お待ちしています

×解凍（○回答）を求めました

×最新（○細心）の注意を払うべき

×私自信（○自身）の考えは……

×受け負い（○請け負い）ます

×以外（○意外）と多い

×確立（○確率）的には低い
×先入感（○観）が強い
×次期（○時期）尚早です
×損害を保証（○補償）する

また、記載されている日付と曜日が合わないといったこともよく起こります。日付が正しいのか、曜日が正しいのか、正しい日程が伝わらず、このために余計なやりとりが発生してしまいます。

ゼロの数が違うなどの数字のミスに至っては、取引上の重大な事故やトラブルにつながりかねません。

相手の名前や役職の表記をする際にも、間違いは厳禁。ただし役職は頻繁に変わりますし、相手先の人事まですべてを把握することが難しいので、私の場合は意図的に役職は省略しています。

たった一度のうっかりミスで、これまであなたが努力して築いてきた信頼を失ってしまうこともあります。

送信キーを押すその前に、振り返ってチェックする習慣をつけてみてください。

コラム 4

働き方やリーダーシップを学べる漫画

働き方やリーダーシップは、漫画からも学ぶことができます。

鉄板は、『キングダム』と『ONE PIECE』。

『キングダム』には、ありとあらゆるタイプのリーダーが登場します。リーダーたちのチームマネジメント、戦略、実行、メンバーや敵からの反応……。これほどの情報量、さらに質を兼ね備えた漫画はほかにはないと思います。

ビジョンを掲げ、智力で進む政、自ら先頭に立って戦い力を示しつつ、きっちり自己開示してメンバーから信頼を得ている信、圧倒的な実力がありながら権限移譲もうまい王騎将軍のスタイルの対比が面白い。圧倒的スペシャリストの羌瘣、大きなチームを率いる正統派リーダーの楊端和といった魅力的な女性も登場します。

もうひとつの『ONE PIECE』、こちらも主人公ルフィの成長物語という視点で読むと学ぶところがたくさん。チームビルディング、チームマネジメント、補完する形のスタッフの使い方……。ビジネスのヒントが数多く見つかります。

第5章

女性の考え方のコツ

▼仕事への姿勢
▼キャリア

66

仕事への姿勢

「感情」を理解し、コントロールする

仕事はチームでするもの。誰かの不機嫌は周囲の人の時間を奪い、結果として自分の生産性も下げてしまいます。

ですから、いつも機嫌よくしていることは、仕事のうえでも大切なことです。ただ、それはいやなことやつらいことを我慢することではありません。

不機嫌なのは、感情に流されている状態です。それを避けるためには、**感情の本質を理解し、感情をコントロールすればいい。**これは知識であり技術ですから、学んで練習すれば、誰でもうまくなります。

すべての感情には理由があります。特にネガティブな感情は、すべてあなたの中の問題です。中島義道『ひとを〈嫌う〉ということ』（角川文庫、二〇〇三年）では、「嫌い」の原因として「相手が自分の期待に応えてくれない」「相手への嫉妬」など、八つの項目を分析しています。

また、心理学で「プロジェクション（投影）」という概念があります。自分の持っている性質を認めたくないとき、その性質を他人の中に見出すことで、自分自身を守るという考え方です。これによると、自分自身の否定的な、認めたくない部分を相手の中に見たときにその人に嫌悪感をいだいてしまうことがあります。

このように、**ネガティブな感情は、自分の中にある何かを刺激されたときの反応である、**と理解することが第一段階です。

そのうえで、ネガティブな感情に反射的に反応せずに、**いったんその感情を認めてあげましょう。**自分はいまイライラしている、怒っている、いやだと思っている――。感情を否定せずに客観的な視点でとらえてみてください。

それができたら、**その感情の理由を分析してみましょう。**自分はこういう部分にイライラしたんだな、自分が軽蔑されたと思って不快に感じたんだな――。

この時点で、もう不機嫌の八割は消えているはずです。それでもダメなら、**その分析結果に対して、次にどうすればいいかを考えましょう。**

こうしたプロセスを踏むことが、感情のコントロールにつながります。最初は難しくても、慣れると瞬間的にできるようになるので、ぜひ試してみてください。

67
仕事への姿勢

愚痴が言える相手を大切にする

仕事をしていれば、楽しいことばかりではありません。愚痴を言いたいとき、弱音を吐きたいときもあります。

そんなときは、愚痴をもらす相手に十分気をつけましょう。

決して社内の人に対して、愚痴をぶつけてはいけません。

特にあなたがリーダーの立場であった場合、いつも一緒に仕事をしているチームメンバーに対して愚痴を言うのは絶対にご法度です。

愚痴の対象が社内の人であっても、社外の人であっても、同じです。

リーダーが愚痴れば、メンバーも同じような考えを持つはずですから、チーム全体の雰囲気やモチベーションに大きなマイナスの影響が出てしまいます。

ですから、**愚痴を言っていい相手として、直接仕事で関わらない、自分の弱みをさらけだせる相手を見つけておきましょう。**

それは学生時代からの友人だったり、異業種交流会で知り合った他社の人だったり、家族だったりするかもしれません。

私の場合は、夫でした。いまとなっては愚痴を言うこともほとんどありませんが、かつてはよく家で話を聞いてもらって、ストレスを発散していました。

愚痴の言える友人とは、日頃から互いの状況を共有し、自己開示して、信頼関係を確立しておきましょう。

自分が愚痴を言うこともあれば、反対に、友人から愚痴を聞くこともあるかもしれません。

そんなときは、くれぐれも相手に求められない限り、口を開かないこと。

聞いているうちに、よかれと思って、つい一言コメントしたり、批判や助言をしたりしたくなるかもしれませんが、そこはぐっと我慢。

ひたすら相槌を打ち、聞き役に徹するのがベターです。

愚痴の場合は、話して発散することに意義があるのであって、正論を吐かれたりすると余計に腹が立ちます。

黙って愚痴を聞いてくれる友人は心底ありがたいもの。大切にしましょう。

68

仕事への姿勢

第一印象を与える機会は一度きり

「第一印象は二秒で決まる」

これは、自己表現学の一つであるパフォーマンス学の第一人者で、私の師でもある佐藤綾子先生の研究結果です（佐藤綾子『できる大人の「見た目」と「話し方」』（ディスカヴァー・トゥエンティワン、二〇一六年）。

たった二秒ということは、人はほぼ瞬間的に、初対面の相手を評価しているということになります。

つまり、**相手と顔を合わせ、会話を交わす前に、すでに第一印象は決まっている**ということです。

第一印象についてはさまざまな研究がありますが、動物が本能的に敵か味方かを見分けるような直感レベルでの判断は、もっと短い〇・五秒のうちに行われていると言われることもあります。

そしてその後、二秒から五秒、長くても一〇秒以内に印象が定まり、これを検証しながら、総合的な評価を数分以内に定着させるようです。

このように、いずれにしても**第一印象はごく短時間で評価されます。ということは、そこに関わるのは、話す内容などよりも、瞬間的に目から入る情報**です。

ノンバーバル（非言語）コミュニケーションとも呼ばれますが、顔や髪型、服装、持ちもの、姿勢、歩き方、しぐさ、表情、視線など、言葉以外の情報が、人の印象を大きく左右しています。

また、**定着した第一印象は、その後よほどのことがないかぎり、変わることはありません。**特にネガティブな印象を挽回するのは至難のわざです。

それならばなおさら、初対面で相手にいい印象を与えることは重要で、ビジネスの必須スキルと言えるかもしれません。

ビジネスにおいては、信頼がすべての基本です。信頼関係を築けない相手とは、一緒に仕事ができないからです。

第一印象を与えるチャンスは、文字どおり一度きり。一度きりの大切なチャンスを逃さないよう、十分に気を配りましょう。

69

仕事への姿勢

会社で着る服はユニフォームと考える

前項で、第一印象はノンバーバル（非言語）な情報が与える影響が大きいことをお伝えしました。

ファッションは、その面積から言っても、人の印象を決める大きな要素です。

第一印象で信頼を得るためにも、ビジネスの場でのファッションには十分に気を使う必要があります。

会社は仕事をするための場所なので、会社で着る服は、たとえ私服であってもユニフォームと考えましょう。

映画『プラダを着た悪魔』では、アン・ハサウェイ演じる主人公アンディが、徐々にファッショナブルに変身していく様子が見どころの一つです。

しかし彼女は決して、ただオシャレを楽しんでいるわけではありません。「一流ファッション誌の編集者」として働くためにふさわしい服装を、自己表現として懸命に獲得していく様子が描かれているのです。

それぞれの業界によって、推奨される服装は異なりますが、プロフェッショナルとして自分を表現できる装いを心がけていれば、大きくはずれることはないはずです。

ヒラヒラ、フワフワした洋服を着ていると、あなた自身もフワフワとした頼りない人間に思われてしまいます。

仕事のできる女性と見られたければ、自然と落ち着いた服装になるでしょう。

ちなみに、もしも周囲から、

「おもしろい服着てるね」

「今日の服、かわいいね」

などと言われたら要注意。

ほめられたわけではなく、オフィスにはふさわしくない格好だね、という注意と受け止めてください。

ビジネスでは、ファッションも戦略の一つ。いわば戦闘服でもあります。

自分好みのファッションは、プライベートで思い切り楽しむことにして、第三者的な視点で自分をとらえ、「信頼されるビジネスパーソン」を自己表現していきましょう。

70

仕事への姿勢

プロフェッショナル感を演出する

服装も持ちものも、仕事で使うものは、プロフェッショナル感を演出できるかどうかで選ぶようにしましょう。

バッグや靴、アクセサリーをはじめ、ペン、ペンケース、ノート、メガネ、メガネケース、財布、パスケースなど、**あなたが身につけるさまざまな持ちものが、すべてあなたという人間を表現しています。**

高価なものである必要はありませんので、華美でなく、ビジネスの場にふさわしいものを身につけるようにしましょう。

そのとき、それらの**トーンや色づかいをそろえるようにすると、統一感が出て、グッとプロフェッショナルらしくなる**のでおすすめです。私の場合は、ワインレッドをテーマカラーにして、グッズも同系色のものをそろえていました。

なお、**アクセサリーについては、光りすぎず、揺れすぎず、良質なものを少数だけ。**

強い香水は不快感を与える可能性が高いので、避けたほうが無難です。

また髪型についても、つねにかきあげる必要のある髪型は、見ていて気持ちのいいものではありません。あまりにも長すぎるロングヘアや、奇抜すぎる髪色も同様です。

マニキュアは、あまりにも濃すぎる色でなく、肌なじみのいいピンクやベージュなどであれば、指先を美しく見せてくれるのでいいでしょう。

加えて、オフィスのデスクまわりにも注意しましょう。

たまに、ぬいぐるみや好きな芸能人の写真など、オフィスにふさわしくない私物をデスクに飾っている人がいますが、オフィスはあなたのリビングルームではありません。

突然上司がデスクにやってきたとしても恥ずかしくない、必要最低限のものだけを並べるようにしましょう。

あなたがプロデューサーだったら、「仕事のできる大人の女性」のデスクにはどういうものを置くでしょうか。そして髪型は、アクセサリーは、持ちものは、と考えていくと、チャラチャラしたもの、ごちゃごちゃしたもの、ゆるすぎるもの、派手すぎるものなどは選ばないはずです。

プロフェッショナルとして自己演出できるよう、意識してみましょう。

71

仕事への姿勢

見た目が自分を作ることを意識する

ベストセラーになった『人は見た目が9割』（竹内一郎、新潮新書、二〇〇五年）が出版されて、はや一五年がたちました。

仕事を円滑に進めるうえでも、見た目はとても重要だということをここまでお伝えしてきました。

一つ付け加えたいのが、**あなたの見た目は他人だけでなく、あなた自身に対しても大きな影響を与えている**ということです。実例をご紹介しましょう。

かつての部下の一人で、かわいらしいフリルのブラウスやフレアスカートなどを好んで身につけ、髪は縦ロール、メイクも華やかなお嬢様系の女性がいました。

彼女の口グセは「サポートさせていただきます」。見た目の印象も相まって、サポートは得意でも主体的に仕事に取り組むタイプではないと思っていました。

しかし、面談で本人の話を聞いてみると、じつはマネージャー職を志望しているとのこと。私は内心驚きながらも、今のあなたのファッションではマネージャーにはなれない、仕事をしたいと思っているようには見えない、と伝えました。

涙ながらに聞いていた彼女は、なんと翌週、ガラッとファッションを変えてきました。紺のジャケットにタイトスカート、髪もばっさり切って、ビジネスにふさわしい見た目を作ってきたのです。

それ以降、彼女自身の発言やふるまいも驚くほど意欲的になり、周囲からの評価もあがって、いまでは念願のマネージャーとして活躍しています。

意識を変えるために、彼女自身も相当努力したはずですが、見た目を変えたことも大きな影響があったはずです。見た目は意外と自分の内面と結びついています。

プロフェッショナルとして本気で仕事をしたかったら、見た目もそれなりに整える。そうすると周囲の受け止め方も変わり、同時に自分の心持ちも変わってきます。

ピシッとした見た目を作れば、仕事に向かう気持ちもピシッとする。ゆるい服なら気持ちもゆるみます。これは育休明けのファッションについても同様ですので、復帰時にはちょっと気を使うようにしましょう。

内面を作るには、まず見た目から。ぜひこのことを覚えておいてください。

72

仕事への姿勢

「女性だから」と思うのをやめる

「女性だから」「女だから」という言葉は、なるべく使いたくないものです。

女性だから……すべき、女性だから……できない、といった考え方は、自分のまわりに壁を作り、身動きをとれなくしてしまいます。

この裏返しが、「男のくせに」という言葉。これは劣等感の裏返しです。自分にブレーキをかけ、逃げ道を作ることになります。

本来、ほとんどのことは、女性でも男性でも関係ありません。

私自身は男女雇用機会均等法の少し前の世代ですが、二〇代のころは、取引先に後輩男子と一緒に行き、自分が説明をしているにもかかわらず、お客様は後輩男子だけと話している、というようなことがありました。

また、昇進に関しても、自分のほうがよほど実績を積んでいるのに、なぜあの男子社員が先に昇進するのか、と疑問に思うようなこともありました。

当時は、「私が女だから、お客様は私と話してくれないんだ」「私が女だから、実績を認めてもらえないんだ」などと考えていたのですが、数年後に客観的に振りかえってみると、単に自分に実力がなかっただけだなと思います。

ジェンダー差を気にしない女性のほうが、職場で自信と力強さを感じている、という研究結果*も出ています。

性差に限らず、バイアス（偏見）は数限りなくあります。若いから、歳をとったから、貧乏だから、お金持ちだから、関西人だから、関東人だから、東北人だから、日本人だから、外国人だから――。

これらはすべて、本当はただの偏見にすぎません。他人からどう思われても気にしなければいいだけのこと。

しかし、**自分自身だけは、こうした偏った見方から自由になってほしい、自分をしばらないようにしてほしい**なと思っています。

誰しもバイアスは持っているもの。それでも、自分の中のバイアスを一度捨ててみて、本当にそうなのか、と自分自身に問いかけてみてください。

* "Women benefit when they downplay gender" Ashley Martin Diamond Harvard Business Review March 2019

73

仕事への姿勢

組織の業績向上につながる仕事を意識する

組織の仕事には、部門全体、ひいては会社全体の目標の達成や改善などに直結している仕事と、必ずしも直結しない仕事とがあります。

それは、直接部門・間接部門といった部門の考え方のことではありません。

どの部門であっても、組織全体の業績向上に直接つながらない業務は存在します。

たとえば室内の清掃や資料のコピー、座席表や議事録の作成、お客様へのお茶出しなど、誰がやってもいいけれど、誰かがやらなければならない仕事のことです。

しかし、そういった**「誰でもできる仕事」を、わざわざ自分から買って出る必要はありません。**

いまはだいぶ減ったとは思いますが、ともすればそうした業務を、女性だけに割り当てる会社も、少なからず存在するかもしれません。

もし強制的に割り振られてしまった場合は、一度は引き受けたとしても、二度目は毅然

とした態度で、

「前回は私がやりましたので、今回は別の方にお願いします」

と断りましょう。

あるいは、公平に持ち回り制で、と提案するのもいいかもしれません。

こうした業務に貴重な時間を費やすのは、とてももったいないことです。

そうではなく、**もっと会社や部門全体の目標達成や業績向上に直接つながることを考え、そのために時間を使うべき**です。

「〇〇ちゃん、またお願い！」

などと軽く言われてつい引き受けていると、「あの子は『女の子扱い』を許してくれる人」と周囲から思われてしまいます。

ちなみに、この「ちゃん付け」自体も、女の子扱いと同じこと。

「苗字がありますので、苗字で呼んでください」

ときちんと抗議しましょう。

あくまでもあなたは大人の女性であり、仕事におけるプロフェッショナルです。

ビジネスをするために会社に来ているということを忘れないようにしましょう。

74
仕事への姿勢

愛想笑いはやめる

日本人の「愛想笑い」「薄笑い」は世界でも不思議がられています。

日本人特有と言ってもいいでしょう。

また、特に女性に、笑顔を見せるべきでないところで笑う人が多いような気がしています。

場の空気を和らげようと思っているのかもしれませんが、**意見を否定されたときや、自信のないとき、まして、いやなことがあったときまで笑みを浮かべるのはやめましょう。**

無意識のうちに「私は弱虫」というメッセージを送っていることになります。

もちろん、嬉しいときや楽しいときは、どんどん笑ってかまいません。

しかし、職場で笑い声を上げたり、歯を見せて笑ったりするような場面は、それほど多くはないはずです。

当然ですが、真剣なメッセージを伝えるときは、真剣な表情で伝えるべきです。

先ほど女性に多いと言いましたが、男性の場合は、外国人と英語で話すときに、意味もなくニヤニヤ、ヘラヘラする人を見かけます。

英会話に自信がないのかもしれませんが、外国人にとっては、自信がないときに笑うことも理解されません。

本来のスマイルは、相手への好意や、「私はあなたの敵ではありませんよ」というメッセージを伝えるという意味がありますが、それと愛想笑いはまったく別ものです。

愛想笑いは自分を弱く見せますし、相手から信頼もされません。

いまだに、女性はつねにニコニコしているべきというような、古い社会通念が残っているのかもしれません。

しかしそれは本当にビジネスに必要なことでしょうか。私は逆に、ビジネスにおいてはマイナスだと思っています。

いつも愛想笑いを浮かべていては、自分から「女の子扱いしてください」と言っているようなもの。

あなたにはぜひ、大人の女性らしくふるまってほしいのです。

愛想笑いは今日で卒業しましょう。

75

仕事への姿勢

「若いころの失敗は買ってでもしろ」はほんと

誰しも失敗は恐いものです。

失敗をして怒られたらどうしよう、失敗して恥をかいたらどうしよう、失敗してクビになったらどうしよう――。

こんなふうに失敗を恐れて、挑戦すること自体を避けるのは、とてももったいないことだと思います。

特に優秀な女性の場合、社会人になるまで、ほとんど失敗の経験がないという人もいるのではないでしょうか。

しかし「失敗と揉めごとはプレゼント」と言われます。

たしかに、子どものころから、

「試験で失敗しないように勉強しなさい」

「友達とはケンカしないように仲良くしなさい」

などと言われて、失敗や揉めごとは避けるのが正解だったかもしれません。

しかし社会人になると、失敗してみなければわからないこと、身につかないことにたくさん出会います。

人は、実際に手足を動かしてやってみなければ、本当の意味で学ぶことはできません。座学だけで身につくことはごくわずかです。

失敗するということは、実際にやってみた、一つ経験を積んだということですから、その経験から多くの学びを得ることができます。

重役が失敗すれば会社がつぶれるかもしれませんが、若手社員の失敗ぐらいは、あとできっと誰かがカバーしてくれるはずです。

どんなことでも、最初から失敗しない人はいません。恐れずどんどん自分から手を挙げて打席に立つこと。

これを積極的に心がけている人と、そうでない人とでは、五年後、一〇年後の実力に驚くほど大きな差が出てきます。

若いうちは買ってでも失敗をしてください。その失敗からの学びの数とスピードが、確実にあなたの成長につながります。

76

仕事への姿勢

ランチは早めにオフィスを出る

特にオフィスにいる時間の長いデスクワーカーにとっては、ランチに出かけるのはとてもいい気分転換になります。

ただ、オフィス街のお昼どきは、どこに行っても行列。一時間の貴重なランチタイムなのに、お店探しに一〇分、行列に並んで一〇分、食べるのに二〇分、オフィスに戻るのに一〇分で、残りの一〇分は歯磨きとメイク直し――。

これは、せっかくのお昼休みの過ごし方として、じつにもったいない。

ですから、**ランチは一一時四五分に会社を出ましょう。**

たった一五分早く行動するだけで、待ち時間もなくランチを取り、残った時間を読書や散策など、自分の時間として有効活用することができます。

早く出るのが難しければ、思い切って後ろにずらし、一三時近くに出かけるのもいいでしょう。たいていのオフィスアワーは午後のほうが午前よりも長いですから、これも一つの考え方。

くれぐれも、自分の席でパソコンを見ながらコンビニ弁当をかきこむ、というのはやめましょう。「ながら」の食事はストレスを上げ、満腹感を得にくいため食べすぎるという研究結果もあります*。

コミュニケーションの時間として、ランチを活用するのもいい方法です。

小さなお子さんのいるメンバーは、夜の会食には参加しづらい人もいるので、ランチの時間を使って仕事の様子を聞いたり、ミーティングをしたり、あるいはバースデーパーティをしたりということも、私はよくやっていました。

どうしても長くなりがちな夜の会食と違って、ランチタイムは短時間でスパッと終わり、ちょうどいいんです。

海外では、早朝からブレックファースト・ミーティングをする機会もよくありました。日本は電車通勤などの関係もあって、なかなかそうはいかないかもしれませんが、限られた時間を有効に使う手段はいくらでもあると思います。

生産性を上げるために、可能なかぎり時間はフレキシブルに使いましょう。

* "How is Satiety Affected When Consuming Food While Working on A Computer?" NCBI Article 2019 Jul 8

77

仕事への姿勢

飲み会でお酌はしない

「飲み会では、やっぱりお酌をしないといけませんか?」

講演会の質問タイムで、いまだにこういう質問を受けることがあります。

最近ではだいぶ、職場の飲み会で女性や部下にお酌を強要する文化はなくなってきたように思いますが、それでも実際には、こうした雰囲気が暗黙のうちに漂っているということなのでしょう。

私は、**お酌をする必要はまったくない**と思っています。

もちろん、気がついたときにお酒をすすめたり、お酌をしたりするのは、マナーとして理解できます。

しかし、飲み会の間じゅう相手のグラスを気にしたり、お酌をして回ったりというのは、あなたの仕事の範疇ではありません。

たしかに、お酌や料理のとりわけなどを率先してスムーズにできる人は、気配りができる人と思われるかもしれません。

しかし、**それがビジネス上の評価につながるわけではない**のですから、気にする必要はないのです。

「お酌はしない」と心に決め、「お酌しないキャラ」を押し通していくと、だんだん周囲からも認知されるようになるはずです。

もしも強要してくるような上司がいたら、抗議してかまいません。あまりにもひどければ、セクシャルハラスメントとして訴えることも可能です。

そもそも、すべての飲み会に必ず参加しなければならないということはありません。自分なりに線引きをして、お世話になった人の送別会や、半年に一度のチームメンバーとのコミュニケーションの会など、参加の意義を感じられるものだけに限定してしまっていいでしょう。

また、参加しても二次会には行かない、八時に帰るなど、負担のかからない範囲のルールを決めておくのもいいと思います。

だらだらと参加する飲み会ほど時間のムダなことはありません。あくまでも仕事を円滑に進めるために必要なことと、そうでないことを区別するようにしましょう。

78

仕事への姿勢

先の心配をしすぎない

起こってもいない先々のことを心配する人がいます。

よく言えば、リスク管理能力が高いとも言えますが、じつはそれによって失っているものも多いのではないかと私は思っています。

米フェイスブック社のCOO（最高執行責任者）、シェリル・サンドバーグが二〇一〇年に行った、「何故女性のリーダーは少ないのか」というスピーチがあります*。

そのスピーチの中で彼女は、ある若い女性に、子育てと仕事の両立について尋ねられたときのことを話しています。

このとき、「あなたの夫はそのことをどう考えているのか」と問い返したところ、「まだ結婚していません。彼氏もいません」という答えだったため、「それなら、そんなことを考えるのは、もっとずーっと後でいい」と応じたそうです。

このスピーチの中でシェリルは、**女性があまりにも先々のことを考えすぎて、無意識の**

うちに早すぎる決断をしていることに注意を促しています。

この決断というのは、子どもを持つことであったり、仕事よりも家庭や子育てを優先したりする決断のこと。

その決断は、実際にその瞬間が来たときでいい。そのときが来るまでアクセルを踏み続けなければ、あなたはさまざまなチャンスを逃すことになる、と。

これには私もまったく同感です。

実際にそのときになれば、周囲の環境や仕事の状況も変わっているかもしれません。あなたの考え方も変わっているかもしれませんし、すばらしいテクノロジーが開発されて、多くの悩みが解決されているかもしれません。

それなのに、**いつ実現するかもわからないことについて、くよくよ悩んだり心配したりするのは、時間がもったいない**と思いませんか?

それよりも、いま自分にできること、目の前にあることに集中しましょう。

そして、多くのチャンスを逃さず、自分のものにしてほしいと思います。

*https://www.ted.com/talks/sheryl_sandberg_why_we_have_too_few_women_leaders?language=ja

79

仕事への姿勢

完璧主義を捨てる

仕事というものは、つねに妥協が必要なものです。なぜなら、いつも時間の制約の中で進めなくてはならないものだからです。

まずは八〇パーセントの出来を目指しましょう。

八〇パーセントを一〇〇パーセントに持っていくためには、かなり苦労しなければなりませんが、じつは八〇パーセントと一〇〇パーセントとの差に、たいていの人は気がつきません。

残りの二〇パーセントというのは、見栄えや微調整、最後の仕上げの部分。そこに仕事の本質はありません。

完璧に仕上げて期日に遅れるよりは、八割の出来で早いほうがずっといい。あるいは五割のところで提出して、直す余地を残しておくというのもいいでしょう。

不足している部分は、きっと相手から指摘が入ります。自分が考えていたところとは違う部分が問題になるかもしれませんから、むしろ指摘を待ったほうがいいケースもあるのです。

学校の勉強では、正解と不正解がありますが、ビジネスには正解はありません。

ビジネスでは、早さこそが正義なのです。

ただし、八〇パーセントまでを確実に仕上げるためには、仕事に着手する前の準備が重要です。

事前にきちんと仕事の内容を確認し、何のための仕事なのか、どこが着地点なのか、相手が求めることを正確に把握しておく必要があります。

「八〇対二〇の法則」とも呼ばれる「パレートの法則」は有名ですが、この法則を仕事の進め方に当てはめて考えると、仕事の成果の八〇パーセントは、費やした時間全体の二〇パーセントで生み出せる、とも言えるでしょう。

すなわち、**重要要素を見極め、作業の優先順位をつけて、手早く八〇パーセントを達成する。**これが仕事の秘訣です。

時間を有効に使い、最大限の効果を上げるためには、完璧主義は捨てましょう。このように発想を切り替えていきましょう。

80

キャリア

キャリアプランにこだわらず、自分の軸を持つ

昨今「キャリアプラン」ばやりです。キャリアプランを立てる、夢に日付を入れよう、などという言葉もよく目にします。

じつは私は、いつまでに何をする、といったキャリアプランは立てません。

なぜなら、たとえ達成できても、そのあとどうするのか、達成できなかったらどう修正するのか、と疑問に思うからです。そもそも自分でコントロールできないことがたくさんあるので、プランの立てようがないと思うのです。

かわりに私は、**仕事を通じて達成したいこと、大切にしたいことを軸として定め、それに近づくようにするという形でキャリアを考えています。**

自分の軸を大切に、ぶれないようにしていれば、そこに到達するために何をするべきかがはっきりとしてきます。

たとえそのときは不本意な仕事だと思っていても、軸があれば、少しでもその方向に近

づくために経験できること、学べることはたくさんあります。

私自身、そこに至るまではずっと迷い続け、やりたいことすら見つけられない自分をダメだなと思っていました。

しかしあるとき、海外の女性エグゼクティブが、「私はキャリアプランを決めない。仕事を通じて達成したいことの軸を決め、フレキシブルにキャリアを重ねていく」と語っている記事を読み、「これだ！」と深く得心したのです。

以降、自分の軸は何かと考え始め、ある日とうとう、自分はさまざまな人や物を結びつける「ブリッジ」になりたい、という答えを見つけました。

自分の軸を持っていると、迷ったときはその軸に近いほうへ、近いほうへと考えればいいので、判断に悩むことも少なくなります。

キャリアプランには、時に役職や給料といった物質的な目標が出てきてしまうことも多いのですが、そうした目標は、達成したその先が見えません。

二〇代のころはともかく、三〇代になったら、仕事をするうえでの自分の軸を探してみることをおすすめします。

そうすれば、**達成の先にも続くキャリアを描くことができる**はずです。

81

キャリア

ロールモデルではなく、見習うべき先輩を見つける

「私の会社にはロールモデルがいない」という悩みをよく耳にします。

ロールモデルとは、将来こうなりたいと目標にする存在、お手本としたい人物です。

そんな存在が身近にいれば、自分の進むべき方向が明確になり、悩んだときの指針となってくれます。

しかし、もしそんな人が身近にいない場合はどうしたらいいでしょうか。

ロールモデルとは、どうしても必要なものでしょうか。

私がかつてマネージャー職を意識し始めたころ、社内で唯一の女性シニアマネージャーであった方をひそかにロールモデルと心に決めていました。

しばらくして念願のマネージャーに昇進した私は、彼女の毅然とした強いふるまい方を、そっくりそのまま真似していました。

しかし、その結果は大失敗。メンバーからの信頼を得られず、チーム内に不協和音が響

き出したうえに、心身の病に陥るメンバーが続出。もちろん業績も不振でした。

そうして私は、一年たたずしてマネージャーを解任、降格させられてしまいました。

人はそれぞれ個性も違えば、ビジネスの環境も異なります。いくら憧れの先輩のスタイルを真似したとしても、そのままうまくいくはずはありません。

しかし、ロールモデルと思い定めると、無意識にその人のふるまいをなぞってしまいがちです。その人がたどったキャリアの通りにならないと焦る人もいるでしょう。

しかし、あなたとその人は別の人間です。まったく同じようにいくわけないのです。

それがわかったいまは、**ロールモデルなんて必要ない**、とはっきり言えます。

ロールモデルを探すかわりに、尊敬できる先輩を見つけましょう。存在すべてを真似して追いかけなくても、**この人のいいところ、あの人のいいところ、と「いいとこ取り」をすればいい**のです。

きっとあなたのまわりにも、「あの人のあんなところを見習いたい」と思える人がいるはず。性別も年齢も役職も問わず、同期や社外や年下の仕事相手にだって、そう思って探せば、学べるところはたくさんあるはずです。

憧れのロールモデルなんて、百害あって一利なし。いいとこ取りでいきましょう。

82

キャリア

見習うべき人には自分からメンターをお願いする

ロールモデルは不要ですが、メンターは、働くうえでぜひとも必要な存在だと思っています。

ロールモデルが憧れの存在なら、メンターはよき指導者。あなたのキャリアに有益なアドバイスをもたらしてくれる存在です。仕事の仕方やキャリアプランの悩み、ときには転職についても相談に乗ってもらうこともあるかもしれません。

メンター制度が整っている会社もありますが、そうでなくても、**「この人のこんなところがすてきだな」と思うような人を見つけたら、ぜひその人に「私のメンターになってください」と直接お願いしてみましょう。**

あなたの部署以外や社外にも目を向けてみると、きっといい人が見つかるはずです。

「メンターになってください」と頼まれていやな気持ちになる人はいません。

もしその人が多忙で時間がなかったり、職種的にもっとふさわしい人がいると思えば、ほかの人を紹介してくれるでしょう。

かつて私は、会社の制度で大先輩にメンターになっていただきましたが、上の方すぎて遠慮もあり、その方もお忙しかったので、ほとんど何のご相談もしないまま時間がたっていました。

そんなとき、ある一人の後輩から「順子さん、私のメンターになっていただけませんか？」と声をかけられたのです。

とても嬉しく思うと同時に、自分からメンターをお願いしてもいいんだ、ということに気づかされ、それ以来私も、この人はと思う方にお会いしたら、直接声をかけてお願いしています。

新しいチャレンジをすることになって、いままでとは違うメンターがほしいと思ったときには上司に相談して、適切なメンターを紹介してもらったりもします。

メンターは先輩に限らず、同僚でも後輩でも、男性でも女性でも、社内でも社外でもかまいません。一人にしぼる必要もありません。

この人から学びたいと思え、心から尊敬できる人が見つかったら、ぜひ直接その思いを伝えてみてください。

83

キャリア

リーダーのタイプについての思い込みを捨てる

リーダーとはどんな人でしょうか。

こう聞かれたとき、多くの人は、先頭に立って部下をぐいぐいと引っ張っていく力強いイメージ、たとえばナポレオンのような人物を思い浮かべるかもしれません。

しかし実際には、リーダーにはさまざまなタイプがあります。

リーダーシップについての研究は数多くありますが、中でも有名なダニエル・ゴールマン『ＥＱリーダーシップ』（日本経済新聞出版、二〇〇二年）から、六つのリーダーシップタイプを紹介します。

・ビジョン型リーダーシップ（リーダーが夢を持ち、その夢に向かって周りを動かす）
・コーチ型リーダーシップ（メンバーとコミュニケーションして力を伸ばしていく）
・関係重視型リーダーシップ（メンバーの信頼を得て友好的に物事を進める）
・民主型リーダーシップ（広く意見を求め、常に同意を得ながら進める）

・ペースセッター型リーダーシップ（メンバーに細かい指示をせず「背中を見せる」）
・強制型リーダーシップ（強制的、細かく指示命令する）

また、これに加えて、ファシリテーション型（意見を引き出す）、サーバント型（後方から奉仕する）、人格型（理念やぶれない価値観を持ち、一段上から見守る）など、多くのリーダーシップのタイプが研究されています。

大事なのは、**リーダーシップの種類にいい・悪いはない**ということ。**チームの状況とビジネス環境によって効果的なリーダーシップとそうでないリーダーシップがあります。**

たとえば強制型は否定的に受け止められがちですが、危機的状況下では、スピーディな決定と実行ができるこのタイプが効果的です。ペースセッター型は、メンバーそれぞれが優秀な場合はうまくいくけれど、新人ばかりだと動かないでしょう。

さらに、**リーダーの個性によって得意なリーダーシップタイプと不得意なリーダーシップタイプがあります。**「リーダーとはこうあるべき」という思い込みは捨てましょう。

あなたがリーダーに抜擢されたら、固定観念的なリーダー像にとらわれて消極的になる必要はまったくありません。**あなたらしいリーダーシップの形を見つけ、状況に応じて発揮していけばいい**のです。

84
キャリア

自分のネットワークを作る

あなたは自分のネットワークを持っていますか？

ネットワークは、社内外を超えたつながり、人脈です。

いつものメンバー以外の人たちと定期的に会って話したり、情報交換したりする機会を持つと、**さまざまな出会いの中で、自分を成長させることができます。**

最初は社内の同期や自分の部署以外の人たちと、中堅になったら社内だけではなく、社外にもネットワークを徐々に広げていきましょう。同じ業界の人とのネットワークでも、まったく関連のない業界の人とのネットワークでも、それぞれに学びがあります。

仕事の仕方や新しい価値観、また結婚や育児、介護などについての情報やアドバイスを得られたりするほか、このネットワークから新たなビジネスチャンスを得ることも意外と多いものです。転職先を紹介してもらうこともあります。

私自身も、三〇代後半のときに、ある働く女性のネットワークのメンバーとなり、女性ならではの仕事の悩みをはじめ、大変多くのことを教えていただきました。

今でも女性エグゼクティブの集まりに参加していますが、女性経営者ならではの話を聞くことができ、とても勉強になります。

では、そうしたネットワークはどう作ればいいでしょうか。

ネットワークを作るためと言って、異業種交流会でさかんに名刺交換をする人がいますが、名刺交換をしただけでは、なかなか実のある人脈にはなりません。

もしこの人の話をもっと聞きたいと思う人に出会ったら、名刺交換するだけでなく、あとですぐに、お話の感想やお礼のメール・お手紙などを書いて送っておくと、後々ご縁をつないでもらえるかもしれません。

もっといい方法としては、自分から飲み会の幹事を買って出たり、勉強会を主催したりすること。主体的に動けば、実のあるネットワークに育てていくこともできます。

なお、ネットワークの基本はギブ・アンド・テイク。誰かから「ギブ」を受けたら、あなたも「テイク」ばかりでなく、いつかは相手に「ギブ」してあげること。

すぐにはできなかったとしても、自分は相手のためにどんなことができるのかを日ごろから意識し、準備しておきましょう。

85

キャリア

きちんと自分の価値をアピールする

日本ではよく「謙遜は美徳」と言われます。また、「女性は控えめにすべき」といった価値観も一部に残っており、女性が自分の能力をいかんなく発揮していくことは、まだまだ困難な状況と言えるかもしれません。

これは日本だけの問題ではありません。さまざまな調査により、女性は自分の能力を過小評価しがちであると言われています。

こうした調査結果を見ると、男性は女性よりも積極的に自己アピールをし*、昇給の交渉をし**、たとえ採用条件に満たなくても応募しますが***、女性は自らそのチャンスを捨てているように思えます。

たとえば、あなたが仕事の成果を上げて評価されたのに、「いいえ、全然たいしたことではありません」とか「私なんてまだまだ」などと謙遜していませんか?

せっかくいい評価を受けたのに、謙遜するのはＮＧです。

「このプロジェクトではこういう部分が難しかったですが、無事に成し遂げられたのを誇りに思います。認めていただけて嬉しいです」

と、**自分自身の能力や価値を積極的に言語化する**ようにしていきましょう。

自分の価値をアピールすることは、決してはしたないことではありません。主張して当然のことです。

過小評価がクセになってしまうと、そのように自己暗示がかかってしまい、いつしか大きなことにチャレンジできなくなってしまいます。

まずは、女性が自分を過小評価しがちな傾向があることを知ったうえで、自分の能力を認めてあげましょう。そして成功体験を一つ一つ積み上げていくことで、徐々に本当の自信をつけていきましょう。

*「女性はなぜ男性よりもセルフプロモーションに消極的なのか」クリスティーン・エクスリー、ジャッド・ケスラー、Diamond ハーバード・ビジネス・レビュー、二〇二〇年一月二七日

** "Nice Girls Don't Ask" Linda Babcock, Sara Laschever, Michele Gelfand and Deborah Small, Harvard Business Review October 2003 Issue

*** "Why Women Don't Apply for Jobs Unless They're 100% Qualified" Tara Sophia Mohr Harvard Business Review August 25, 2014

86

キャリア

自分なりの時間管理法を見つける

あなたは、ふだん自分が何にどのぐらいの時間を使っているのか、正確に知っていますか？

ぜひ一度試してみてほしいのが、自分の時間をモニタリングしてみることです。一か月ほどのスパンで毎日のタイムログをつけてみると、かなり正確に、自分の時間の使い方を知ることができます。

細かくログをつけてみると、こんなにメールチェックに時間をかけていたとか、こんなにミーティングに時間を使っていたとか、ムダだったことや、逆にもっと時間をかけるべきことがよくわかります。

前マイクロソフトのＣＥＯスティーブ・バルマーは、一年間の予定と、自分の時間を何のために何パーセント使うかをすべて事前に決め、表計算ソフトで細かく管理し、毎週調整していたそうです。

そこまで細かくなくてもかまいませんが、この時間はメールチェックの時間、この時間は資料を作る時間、この時間は一人で考えごとをする時間など、**自分から主体的に仕事時間を管理する**ようにしましょう。

そうすることで生産性もあがりますし、自分の仕事の仕方をコントロールすることができるようになります。

また同時に、**仕事以外の休息やリフレッシュのための時間、インプットのための時間なども、あらかじめスケジュールに入れてしまう**ことをおすすめします。

ジムに行く、買い物をする、旅行に行く、習いごとをするなど、何をどの程度すれば休息やリフレッシュになるかは人それぞれですが、ルーティンに入れることで、自分の体調やメンタルを主体的に管理できるようになります。

時間ができたら、などと言っていると、日々の忙しさにまぎれて一生休めません。

ちょっとした不調にも早めに気づき、早めにケアしていくことが、パフォーマンスを上げて働き続ける秘訣です。

あなたの体調やメンタルは、あなた以外誰もケアしてくれません。

時間も体調もオーナーシップをもって、あなた自身が管理するようにしましょう。

87
キャリア

人生は四季のようなもの

人生一〇〇年時代。誰しも人生にはいろいろなアップダウンがあり、いつも順風満帆とはいきません。

女性の場合、出産や育児などで、どうしてもキャリアを中断しなければならないときもあると思います。

また性別や年齢にかかわらず、体調を崩したり、プライベートに問題を抱えたりして、思ったように働けないときも出てくるかもしれません。

そんなとき、本人は悔しいかもしれませんが、私は焦らなくていいと言っています。

私の友人の一人でもある、シンガポールの女性エグゼクティブが、こんなことを言っていました。

「Life has four seasons.」

これは彼女が、働く女性のためのパネルディスカッションで言った言葉です。

人生は四季のようなもの。冬が来ればまた春が来て、やがて夏も来る。終わらない冬はありません。
いまは全力で働けなかったとしても、きっとそのうち働けるときがやってくる。その状態がずっと続くわけではありませんから、それぞれの季節をそのときどきで楽しめばいいのです。

私自身も、いまは仕事を楽しめるようになりましたが、ここに至るまでは迷走していました。

二〇代は働き詰めの毎日。今日が何曜日かもわからず、いつも体調がすぐれませんでした。

三〇代は暗黒の時代。仕事もプライベートもうまくいかず、いつ会社を辞めようかと、それればかり考えていました。

しかし四〇代になって、他人との比較をやめ、自分の軸を意識しだすと、仕事が順調に進むようになりました。そして五〇代で転職も経験し、いまはもう何があっても大丈夫と思えるようになったのです。

移り変わる季節のように、人生にもいろいろな時期があります。焦らず、腐らず、驕らずに、いまの季節を思う存分に楽しみましょう。

88

キャリア

自分へのリーダーシップを持つ

リーダーシップとは、目標を達成するために、チームメンバーに影響を与える力のこと。対人影響力などとも言われます。

ここで「チームメンバー」を「自分自身」に置き換えると、自分へのリーダーシップになります。

やると決めたことを実行するためには、自分自身へのリーダーシップが必要です。自分の中でのことなので、ゴールを達成したことは誰にもわからないかもしれません。でも、自分にだけはわかります。

人と比べるのではなく、昨日の自分と今日の自分を比べてどうかを、自分で判断すればいいのです。昨日よりも上手にできるようになったか、新しいことができるようになったか、より成長しているか。

私はこれを自分に問いかけるようになってから、精神的にとても楽になり、仕事をうまく進めていけるようになりました。

たとえ重要なプロジェクトを成功させて評価されたとしても、自分としては得られるものがなかったという場合もあります。

反対に、うまく行かなかったプロジェクトでも、新しいスキルと経験を身につけることができたら、それはあなた自身にとっては成功です。

一つ一つの仕事に対して、自分自身で目標を決め、達成できたかどうかを自分で判断する。こんなふうに取り組んでいくと、他人と比べる必要がなくなります。

他人と比較してしまうと、どうしてもねたみや嫉妬という感情が生まれて苦しみますし、前に進めなくなってしまいます。

もし、ねたみや嫉妬といった感情が生まれたら、あこがれや感嘆に変換しましょう。あんなふうになれるようにがんばろうという推進力に変えてしまえばいいのです。

こうして**自分へのリーダーシップを発揮していけば、結果的に自分の人生を自分で切り開いていくことになります。**

自分の人生なのですから、自分で決めて、自分の力で進んでいきましょう。そのほうが、ずっとずっと、楽しく充実した人生になるはずです。

コラム5

働く女性が元気と勇気をもらえる本

本は世界を広げてくれます。

『人間をお休みしてヤギになってみた結果』（トーマス・トウェイツ、新潮文庫、二〇一七年）
『バッタを倒しにアフリカへ』（前野ウルド浩太郎、光文社新書、二〇一七年）

二冊とも、大人が全力で遊ぶとこうなる、という本。いや、バッタ博士のほうは真剣に研究をしているわけですが。

お腹を抱えて笑いながら読み進めるうちに、ちっぽけなことに悩んでいた自分がばかばかしくなります。そして、周りに何を言われようと夢に突き進む姿に感動を覚えます。

『女装して、一年間暮らしてみました。』（クリスチャン・ザイデル、サンマーク出版、二〇一五年）

著者が「女装実験」を通じて新しい世界観を獲得していく様子は、自分自身の思い込み、ひいては組織のダイバーシティ＆インクルージョンを阻む壁に気づかせてくれます。

『グレイトフル・デッドにマーケティングを学ぶ』（デイヴィッド・ミーアマン・スコット、ブライアン・ハリガン、日経ビジネス人文庫、二〇二〇年）

現代のマーケティングの手法が、伝説のロックバンドの事例からさくっとわかる一冊。

『ロジカル・シンキング』（照屋華子、岡田恵子、東洋経済新報社、二〇〇一年）

本文中でも引用していますが、論理的思考と、わかりやすいコミュニケーションのための必読書。名著です。

『ザ・プレゼンテーション』（ナンシー・デュアルテ、ダイヤモンド社、二〇一二年）

プレゼンに関する本は何十冊も読みましたが、これがいちばんのおすすめ。プレゼンの「心」と魅力を伝えてくれます。

『英語の品格』（ロッシェル・カップ、大野和基、集英社インターナショナル新書、二〇一七年）

英語はストレートでカジュアルな言語、というのは誤り。ビジネスパーソンにふさわしい、きちんとした英語の言い回しを知ることができます。

おわりに

最後まで読んでくださってありがとうございます。

「はじめに」の漫画に出てくる女性は、仕事を始めたときの私そのものです。いや、ある程度仕事を覚えた三、四年めの私かもしれません。

名刺交換をしたあとなのに、私でなく隣にいる後輩男子だけに話しかけるお客様。重要なプレゼンテーションで、予期せぬ質問をされて立往生（そのあとの記憶がありません）。会議で意を決して発言したのにスルーされる……。

そんな新米社会人の私も、数え切れない失敗を重ねつつ、先輩を見習い、アドバイスをもらいながら、どうふるまえばいいのかを学んできました。

そのうち仕事の面白さにめざめ、少しずつ昇進して、いつのまにか外資系企業の日本法人社長を務めるまでになったのですから、人生わからないものです。

この本は、昔の私に贈るつもりで、「知っておいたほうがいいこと」「やったほうがいいこと」をありったけつづりました。

人生一〇〇年時代、性別問わず、働き続けることが当たり前になりつつあります。どうせ働くなら、楽しく、かしこく、自分が成長できる仕事をしたいですよね。そのためには、「あなたにこの仕事をお願いしたい」と言われる場面を増やすこと。この本では、周りからそう思ってもらえるようになる仕事の仕方や考え方を、私自身が経験したこと、見聞きしたことを総動員してまとめました。

読者の皆さんには、私の経験を踏み台にして、少しでも前に進んでほしいと思っています。

「キャリアを築く」とは、どういうことでしょうか。

仕事の経験を積むこと、長く働き続けること、昇進して高いお給料をもらうこと――。いろいろな考え方がありますが、私は「選択の自由を得ること」だと思っています。自分の人生、自分でハンドルを握り、自分で行き先や手段を決め、操縦したいもの。キャリアを積めば、より大きな裁量権を得ることができるようになります。自分の決めたプランで丘を越え、山を登れば、また新しい景色が見えてきます。

自分の人生を自分で選択していく楽しさは格別です。その楽しさを、ぜひ皆さんに味わってほしいと心から願っています。

この本を書いている最中に、コロナ禍が起こりました。いやおうなく働き方が変わり、働くことのより本質的な部分が明らかになってきたように思います。

すなわち、仕事とは、あなたならではの付加価値をつけて相手に差し出すこと。そしてその成果を、いかに一緒に仕事をする人に伝えていくか。

そんなことが、今後ますます問われていくようになるでしょう。

外資系に長く在籍していた私は、リモートワークや、上司やチームメンバーが国をまたいで違う場所にいるのが当たり前の環境で働いてきました。

本書で書いている仕事の仕方、考え方は、そんな環境でも通用するものです。

本書の88のヒントを一つずつでも実行してみてください。実行すれば意識が変わり、行動が変わり、周りの人たちのあなたへの対応が変わります。

あなたは行動する人ですか？　それとも本を読んで終わりですか？

本書を作るにあたっては、多くの方のお力添えをいただきました。きっかけを与えてくださった、松尾昭仁さん、大沢治子さん。働く女性の目線で企画を考え、ねばり強く応援してくださった編集者の岩川実加さん、同じく働く女性の立場で、多くの的確で鋭いアドバイスをくださった西岡亜希子さん。いつも応援してくれる家族と、一緒に仕事をしてきた仲間のおかげで、この本を作ることができました。心から感謝しています。

この本を手にとってくださった皆さんが、今日からより楽しく仕事ができますように。仕事を通じて、人生の選択の自由を手に入れられますように。

二〇二〇年八月

佐々木　順子

佐々木 順子（ささき・じゅんこ）

兵庫県出身。慶應義塾大学経済学部卒業後、日本IBMにシステムエンジニアとして入社。一貫してサービスビジネスに関わる。2007年に執行役員。IBMアジア統括部署であるIBMアジア・パシフィック本部やIBMチャイナに出向し、グローバルリーダーとして活躍。チャイナでは2000人の中国人のチームを率いた。

次いで日本マイクロソフトに執行役として入社、カスタマーサポート部門、法人サービス部門を統括する。さらに日本のベンチャー企業の営業本部長、米国のセキュリティ企業のサービス部門トップ、ドイツの製造業の日本法人社長とキャリアを重ね、現在は安川電機、三井住友信託銀行、阪和興業の取締役として、企業の経営アドバイスを行う。

これまでリーダーシップ、プレゼンテーション、ダイバーシティ、グローバルチームでの働き方をテーマに、講演・研修を100回以上開催、高い評価を得ている。APECや外務省主催のWAWの会議でのパネリスト。自己表現・コミュニケーションの科学であるパフォーマンス学を教える最上位資格である、エグゼクティブパフォーマンスインストラクターの認定を（社）パフォーマンス教育協会から受けている。

趣味の観劇は年間70〜90本、劇評には多くのファンがいる。ロックとゴスペルを歌うアマチュアシンガーで毎月のようにステージに立つ。

著書に『「この人なら」と慕われるリーダーになれる』（サンマーク出版、2016年）がある。

○装丁・イラスト　町田えり子
○本文デザイン　精文堂印刷デザイン室
○企画協力　ネクストサービス株式会社（代表 松尾昭仁）
○執筆協力　西岡亜希子
○編集　岩川実加

「あなたにお願《ねが》いしたい」と言《い》われる仕事《しごと》のコツ88

2020年8月31日　初版発行

著者　佐々木　順子
発行者　常塚　嘉明
発行所　株式会社　ぱる出版

〒160-0011　東京都新宿区若葉 1-9-16
03(3353)2835 — 代表 03(3353)2826 — FAX
03(3353)3679 — 編集
振替　東京 00100-3-131586
印刷・製本　中央精版印刷(株)

ISBN978-4-8272-1238-9　C0034